卡耐基
语言的突破与沟通的艺术

[美]戴尔·卡耐基 著
达 夫 编译

U0903033

前言

PREFACE

戴尔·卡耐基，20世纪美国伟大的成功学大师和心灵导师、“人际关系学鼻祖”、美国“现代成人教育之父”。他运用心理学和社会学知识，对人类共同的心理特点和人性进行了深刻的探索和分析，开创并发展出一套融演讲、推销、为人处世、智力开发为一体的独特的成人教育方式，并卓有成效。无论是西方国家还是东方世界，他的著作译本几乎涵盖了所有语系的文字。而他开创的“人际关系训练班”，包括美国卡耐基成人教育机构、国际卡耐基成人教育机构，以及遍布世界50多个国家的分支机构，更是多达2000余所。他以超人的智慧、严谨的思维，在道德、精神和行为准则上指导万千读者，给人们以安慰和鼓舞，使他们从中汲取力量，从而改变自己的生活，开创崭新的人生。从总统到内阁大臣，从各界名流到普通百姓，卡耐基教育机构造就了千千万万的毕业生，其所开创的成功学教育培训帮助无数人实现了梦想，影响了20世纪的几代人。他也由此奠定了第一代成功学大师的地位，被誉为“20世纪伟大的人生导师”，畅销全球的美国《时代周刊》给予了他极高的评价——“或许除了自由女神，他就是美国的象征”。

“与其留给子孙财产，不如留给他们自信和勇气”。这是卡耐基于

1932年在美国威斯康星州密尔沃基市举办的工商业者协会上的演讲中说过的话。而他留给后人最丰厚的精神遗产就是他的成功学理论。他在实践基础上写成的成功学著作是20世纪畅销的成功励志经典，它们共同构成了卡耐基为人处世、通向成功之路的成功学体系，与他的成人教育培训班相辅相成，改变了传统的成人教育方式，影响了千百万人的生活。“不要犹豫！请立刻阅读！这是改变你一生的机会！”大多数读过卡耐基著作的人都很熟悉这句话。

本书是卡耐基最早的作品之一，是一本教导人们如何在演讲与口才方面突破语言障碍、获得成功的指导读物。书中所倡导的一些原则和方法并不局限于演讲本身，它们同样适用于生活中人际交往的语言沟通。阅读此书并认真按照书中所指导的方法坚持练习与实践，你即会拥有出色的语言表达能力，离成功越来越近。该书出版后，在人类出版史上创造了一个奇迹：10年之内就发行了2000多万册。作为“卡耐基公开演讲与人际关系课程”的主要教科书之一，本书成为世界上最受推崇的“语言教科书”。

相信你一定能从本书中得到有益的启发和激励，“不要犹豫！请立刻阅读！这是改变你一生的机会！”

目录

CONTENTS

第七章 /

说服力

第一章

突破语言的八大规则

克服人性中的弱点

◎任何时候都不要让“冰霜”结在脸上，不如干脆把“冰霜”融化掉，方法是说些有趣的事。

◎不论在何种社交场合，幽默都会帮助你打开与人沟通的大门。

◎培养乐观的人生态度和坚强的意志，用勇敢顽强的精神激励自己。

◎通过学习提高对事物的认知能力，扩大认知视野，正确判定恐惧源。

我是从1912年开始教授当众说话的课程的，当时的任务是为纽约基督教青年会夜校讲授“公开演讲”课。那段经历对我来说是非常宝贵的，因为它使我积累了丰富的关于演讲的知识，并促成了我的口才培训班的诞生。

在纽约为商业界和专业人员开班时，我逐渐了解到，学员们不仅需要在演讲方面受到训练，还迫切需要掌握日常商务和社交中与人交流的艺术。因为人们除了渴望健康以外，最需要的便是改善人际关系，学会为人处世艺术，而这一切又都是以说话为前提和手段的。于是我决定在这方面进行深入研究，并因此总结出了一套比较全面实用的课程，这是很有意义的事情。“沉默是金”的谚语，应随时代的变迁而重新评估，因为如何发挥语言的魅力，决定了现代人能否由沟通走向成功。

正像如何提高当众说话的能力一样，日常生活中的任何沟通交流，都需要人们克服畏惧、建立自信，这是实现更有效说话的前提。只有这样，人们才能够最大限度地发挥自己的潜在能力，在各种场合下发表恰当的讲话，博得赞誉，赢得别人的喜欢，获得成功。

培训班开课之前，我曾做过一个调查，即让人们说说来上课的原因以及希望从这种口才训练课中获得什么。调查的结果令人吃惊，大多数人的中心愿望与基本需要都是一样的，他们的回答是：“当人们要我站起来讲话时，我觉得很不自在、很害怕，这使我不能清晰地思考，不能集中精力，不知道自己要说的是什么。所以，我想获得自信，能泰然自若地当众站起并能随心所欲地思考，能依逻辑次序归纳自己的思想，能在公共场所或社交人士的面前侃侃而谈，做到明晰且有说服力。”

我相信这是真实的。当你站在听众面前时，的确不能像坐着的时候那样细致地思考，但是这种现象可以通过训练加以改善，重要的是你一定要按照下面的方法去做。

潜意识里拒绝与人交流或者害怕当众说话，并不是某一个人独自具有的心理，大多数人都是这样，只不过程度不同而已。除了训练班的成员，对大学生我也进行过调查，80% ~ 90% 的学生都产生过不敢当众说话的恐惧感和与人交流的畏难情绪。

这好像是在说“恐惧交流”是人天生就具备的。的确如此，它是人与生俱来的一个弱点，并且和人的性格有很大的关系。心理学家认为，性格是一个人的行为表现较为稳定的基本特征。性格具有稳定性，也就是说，一个人的性格在一定的教育和环境的影响之下形成后，是难以改变的，所以才会有“江山易改，本性难移”的说法。

有关专家曾对亚利桑那州的一对大学生孪生姐妹进行过观察研究。这对双胞胎姐妹外貌相似，先天遗传素质完全相同，家庭生活和所受教育的情况也相同。虽然这姐妹俩一直在同一个小学、中学和大学接受教育，然而在遗传、教育和环境如此相同的情况下，姐妹俩的性格却很不相同：姐姐善于说话与交际，自信主动，果断勇敢，而妹妹却相反，缺乏独立自主意识，说话办事总是随同姐姐。有关专家找她们交谈时，总是姐姐先回答，妹妹只是表示赞同，不爱说话，或稍作点补充。总之，姐妹俩的性格完全不同。这是为什么呢？原来父母在她俩中认定一个是姐姐，另一个是妹妹，从小就责成姐姐照管妹妹，对妹妹负责，做妹妹的榜样，带头执行长辈委派的任务。这样一来，姐姐从小就形成了独立、自主、善交际、较果断的性格，而妹妹却养成了遵从姐姐的习惯。

这说明人的性格是长期受所接受的教育和环境的影响而形成的。但这并不适用于成年人，因为对于成年人来说，性格实际上是由心理状态决定的。也就是说，如果一个成年人能改变自己的心态，他就能改变自己的性格。

20 世纪初，心理学家和哲学家断言：普通人只用了全部潜力的极小一部分，与我们应该成为的人相比，我们只苏醒了一半；我们的热情受到打击，我们的蓝图没有展开，我们只运用了我们头脑和身体资源中的极小一部分。这是什么原因造成的？其实就是人的恐惧心理。人的恐惧心理是很可怕的，所以，我常对我的学员说："你要假设听众都欠你的钱，正要求你多宽限几天；你是神气的债主，根本不用怕他们。"

其实，某种程度的恐惧感对人的交流是有益的，因为人类天生就具有一种应付环境中不寻常挑战的能力。当你注意到自己的脉搏和呼吸加快时，千万不要过于紧张，而要保持冷静。因为你的身体一向对外来的刺激保持着警觉，这种警觉表明它已准备采取行动，以应付环境的挑战。假使这种心理上的准备是在某种限度之下进行的，当事者会因此而想得更快、说得更流畅，并且一般来说，还会比在普通状况下说得更为精辟有力。

我告诉你们一个秘密：即使是职业演说者，也从来不会完全克服登台的恐惧，他们在开始演讲时也几乎总会或多或少地有些怯意，并且这种怯意在开头的几句话里就会表现出来，只不过他们能很快地克服这种怯意，进入镇静的状态。开始的时候我也差不多是这样。

我有必要重复以下几点：

（1）你害怕当众说话、拒绝与人交流并不是特例。

（2）某种程度的交流恐惧感反而有用，我们天生就有能力应付环境中不寻常的挑战。

（3）许多职业的演说家从来都没有完全消除登台的恐惧感。

所以，你大可不必胆小地躲在自己给自己设定的框框里，你应该采取热诚主动的态度去与人交往。否则，恐惧将一发不可收拾，它不但会造成你心灵的滞塞、言辞的不畅、肌肉的过度痉挛而无法控制，还会严重降低你说话的效力。

医学家说："知识是医治恐惧的良药。"这很有道理。如果对可能发生的各种变故都做好了充分的思想准备，就会提高心理承受能力，使恐惧难以侵入。

<积极加强有针对性的心理训练，以有效克服紧张和不安等不良情绪，提高心理适应和平衡性，增强信心和勇气，以无畏的精神克服恐惧心理。>

借别人的经验鼓起自己的勇气

◎熟悉一些说话高手的成功历程，对比自己的优缺点。

◎你可以选择一个让你印象深刻，或者跟你一开始的情形差不多，但是后来却成功了的人的故事来鼓起你的勇气。你应该想到，每个人都是从胆怯开始的。当你感到恐惧时，想一想别人已经成功应对过这种恐惧了。

你也许会说："我也知道自己需要鼓起勇气，但是当我想要开口说话的时候，这好像并不容易做到。"你说的问题是大部分人在说话时都会碰到的问题。那么，让我们谈一谈关于如何鼓起勇气的话题。

顾立区公司董事长顾立区先生有一天来到我的办公室。他对我说道："我这一生每逢要说话时，没有一次不是非常恐惧的。但是身为董事长，我不能不主持会议。虽然与董事们都相识多年，但是一旦要站起来说话，我就一个字都讲不出来。这种情形已经有好多年了，我的毛病太严重了。卡耐基先生，我很难相信你能帮我克服这一毛病。”

“既然如此，你为什么还来找我呢？”我问他。

“这是因为发生了一件这样的事情。”顾立区先生回答道，“我的一个会计师，原来是个害羞的家伙。他走进自己的办公室之前，必须要穿过我的办公室。以前他都是看着地板，一个字也不说，蹑手蹑脚地走过我的办公室。不过最近，这种情况发生了改变。现在他总是下颌抬起，眼里闪着光亮，而且还主动和我打招呼，这令我十分惊讶。我问他：‘是谁使你改变的？’他告诉我说：‘卡耐基先生。’因为这件事情让我难以置信，所以我还是来找你了。”

“如果你希望跟这位会计师一样有所改变，”我对他说，“你可以定期上课。”

“你要是真能使我开口说话而不再恐惧，”顾立区先生说，“那我可就要成为最快乐的人了。”

顾立区先生果然来参加我们的训练了。事实上，他进步神速。3个月之后的一天，我请他参加阿斯特饭店舞厅里的3000人聚会，并邀请他向客人们谈谈参加卡耐基口才训练班的感受。他很抱歉地说他不能来，因为他已经安排了一个重要的约会。但是，第二天，他又打电话给我说：“卡耐基先生，我把约会取消了。我一定要来参加这个聚会，因为这是我欠你的。我要告诉人们卡耐基口才训练班给我带来的好处，它真的使我变成了这个世界上最快乐的人。我希望以自己的故事来激励人们，让他们彻底消除损害他们生命的恐惧。”

顾立区先生在聚会上对着3000人侃侃而谈，足足说了10多分钟，而我本来只要求他说2分钟。当听众们被他的精彩演说所打动的时候，有谁会想到他原来一说话就会极为恐惧呢？

如果你希望像顾立区先生那样，你也可以在短期内掌握这门艺术。事实上，正如顾立区先生在讲话中想要告诉人们的那样，你完全可以从他的经历中认识到：说话并不是一件很难的事情。也就是说，你可以借用他的经历来鼓起自己的勇气。在你因为恐惧而无法开口说话的时候，你都可以想到：既然顾立区先生可以做到，我也一定能够做到。

我们在与那些重要人物进行交谈、进行商业谈判时，甚至只是在平常与人的交谈中，如果感到很害羞，你都可以借用别人的经验来鼓起自己的勇气。在不同的时候，你可以想到相应的故事，以达到鼓起自己勇气的目的。

我曾经对那些说话高手进行过调查，结果发现几乎所有的人都存在过害羞的心理，即使是现在——正如我前面所说——当他们发表意见、进行谈判或说服别人的时候，也还是没有完全祛除紧张的心理。在交际场上游刃有余地活动的钢铁大王安德鲁·卡内基常常对人说："虽然我天性很害羞，但是我却努力让自己成为一个说话高手。"

我希望你有机会去我家，我将为你展示我收到的来自世界各地的感谢信。写信的人有的是企业界的领袖，有的是州长、国会议员、大学校长和娱乐圈的明星，更多的则是企业中的主管人员、工人、工会成员、大学生、家庭主妇、牧师等，他们都是一些默默无闻的普通人。他们的共同点是：都觉得自己需要表达自己的观点、与人沟通，以让别人了解和接纳自己，但是却缺乏足够的勇气、足够的自信心——也就是说，他们一开始都不善言辞。正是因为取得了一定的成绩并实现了自己的目标，所以他们才心怀感激，特意给我写信表示感谢。

因此，当你需要鼓起勇气在酒会上讲话或跟你的客户谈判的时候——实际上，在一切需要你展现口才的时候——你都可以借别人的经验来激励自己。在你感到胆怯的时候，问一问自己："既然他们都取得了成功，我为什么不能呢？"

干脆把自己想象成别人，把自己的恐惧想象成只是别人的一段经历，而他最后成功了。

<了解别人克服恐惧的方法，如心理暗示法、肌肉训练法、深呼吸法等，有意识地加以训练。>

明确并记住自己的目标

◎将你的目标明确下来，把它写在显眼的地方——最好是把它"写"在心里，每天早上提醒自己。

◎时刻牢记实现目标将给你带来的益处。

◎回想以前当你说话时的害羞和局促，及因此带来的困窘和其他后果。

前文中提到的顾立区先生说，是卡耐基训练班使他说话不再感到恐惧，使他能够在3000人面前侃侃而谈，使他成为"这个世界上最快乐的人"——让说话成为一种快乐，这正是卡耐基训练班的目的。而我认为，这个目的远较其他目的更为重要。顾立区先生之所以参加卡耐基训练班，之所以能够努力地做卡耐基训练班分派的功课，正是因为他已经预见到了说话的成功会给他带来乐趣。顾立区先生将自己投入未来的理想中，然后努力使自己梦想成真，如我们所看到的那样，最后他成功了。

卡耐基训练班有一名毕业生说："开始说话的时候，我宁愿挨鞭子也不愿开口；但是临结束时，我却宁愿挨枪子儿也不愿停下来了。"几乎每一个人都渴望获得进行成功交谈的能力，想要体验这种"不愿停下来"的美妙感觉。

钢铁大王卡内基死后，人们在他的遗物中发现了他 32 岁时所拟的计划。他当时准备退休后到牛津大学接受完全的教育，并"特别注意于公开演说的学习"。

那么，人们为什么要致力于提高自己的说话能力呢？也就是说，究竟说话的成功对人们有什么重要的意义呢？我们不妨想象一下：面对多得难以计数的听众，你自信满满地走上讲台，开场后全场的鸦雀无声，可以感觉到听众被你的深入浅出、幽默诙谐的演说所深深吸引时的那种全神贯注，体会到听众对你报以经久不息的雷鸣般的掌声时的成就感，然后你带着微笑接受大家对你的赞赏……

当然，提高自己说话能力的好处，并不只是可以在正式场合发表成功的演说。继续想象一下：依靠你的口才，通过与对方机智地谈判，你赢得了一笔数额巨大的业务；依靠幽默和富有气质的口才魅力，你赢得了心爱的女孩的欢心，并且与她共同迈进了婚姻的殿堂；依靠极具说服力的口才，你使一个国家停止了对另一个国家使用武力，使亿万人民避免了战争的灾难，你受到了人们的尊敬……还有什么比这更加吸引人的呢？

许多来上口才训练班的学员，大都是因为在社交中感到胆怯和拘束，其中有政界要员、明星，也有普通人。他们以前多半是这样一种情形：当站起来说话的时候，他们会感到手足无措；需要在数量很多的人——即使是熟识的人——面前说话时，他们会连一句完整的话都说不出来。在这样的情形下，他们感觉自己好像不再是自己了，因为他们完全控制不了自己。

可是在完成训练班的课程之后，他们的改变令他们自己都刮目相看。他们发现，让自己说话再也不那么为难了。他们都觉得自己以前的害羞和拘束其实很幼稚、很可笑。当然，他们在训练过程中培养出来的那种自然洒脱的气度，也让他们的朋友、家人或顾客另眼相看。他们开始在建立自己信心的同时，游刃有余地处理和他人的关系，从而影响到他们的整个人生。

另外，这种训练也会不同程度地影响到人的性格，即使不一定很快地显现出来。大卫·奥门博士是大西洋城的一位外科医生兼美国医药学会的会长，我曾问他："就心理健康而言，接受当众演讲训练有什么好处？"他回答说："回答这个问题，最好是开一个处方，这个处方必须每个人自己给自己配药。如果他认为自己不行，那他就错了。"以下便是奥门博士给我们开的处方：

"努力培养一种能力，让别人能够走进你的脑海和心灵。试着面对单独的人，或在大众面前清晰地表达你的思想和理念。当你通过这种努力不断地获得进步时，你便会发现：你——你的真正自我——正在真正塑造一个崭新的形象，使你身边的人产生一种前所未有的惊讶。

"当你试着和别人说话时，你的自信心会随之增强，你的性格也会跟着变得越来越温和美好，而这就表示你的情绪已经渐入佳境；随之，你的情绪会使你的身体好起来。这个世界的男女老少都需要讲话。即使我并不清楚在工商业社会中，讲话会带来什么利益，我也依然相信它有无穷的好处。不过，我的确了解它对于健康的益处。只要你一有机会，就对几个人或许多人说话——而你将越说越好；我自己就是这样。同时，你还会感到神清气爽，觉得自己完美无缺，这都是你以前所感受不到的。

“这是一种舒畅而美妙的感觉，没有任何药物能给你这种感觉。”

想象你自己正在成功地做着你目前所害怕做的事情，想象你已经能够在各种工作和社交场合侃侃而谈，你的观点被大家所接受，并给你带来了许多好处。这对实现你的目标大有好处。因此，时刻铭记自己的目标是十分重要的。

哈佛大学最杰出的心理学教授威廉·詹姆斯的话正好能解释这一点，他说：“几乎不论哪种课程，只要你对它充满了热情，你就能够顺利完成；如果你对结果足够关心的话，你就能够实现它；如果你希望做好一件事，你就能够做好；如果你期望致富，你就能够致富；如果你想博学，你就会博学。只有那样，你才会真正地期盼这些事情，心无旁骛地一心期盼，而不会白费心思、胡思乱想许多不相干的杂事。”

“不要抱着投机的心态来学习，”沃特斯告诫我们说，“这种态度只会使我们一无所获。你应该首先给自己订立一个计划、确定一个目标，然后踏踏实实地为这个目标奋斗。当你把自己的精力和才能都用在这上面时，那么你离成功就不会很远了。而我所说的投机的学习态度，是指那种认为自己所学的东西在将来某个时候可能会带来好处而毫无方向的学习。”

集中你的全部精力、时刻不忘记自信和侃侃而谈的说话能力，对你而言是十分重要的。只要想想由此结交的朋友在社交方面对你的重要性，想想自己为大众、为社会服务的能力将大大增强，想想它对你的人生和事业将产生的深远影响……总而言之，想想它将为你在将来实现自己的价值铺平道路，你就能实现你的目标。

＜记住实现口才训练目标将对你的人生、事业目标有极大的促进作用。＞

树立成功的信念

◎记住说话高手的事迹，知道他们一开始也并不出色，甚至比你还差劲。

◎在你说话的时候，告诉自己必定能够成功。告诉自己：成功并不是那么困难。

◎永远不要抱怨你遭遇了多大的困难，因为你的困难已经被很多人克服过了。

我想再次引用威廉·詹姆斯的话来进入我的话题。我们已经知道，他说过："如果你对结果足够关心的话，你就能够实现它。"在这里，你可以把它理解为一种必胜的信念。因为当你的目标对你的吸引力足够大时，你就会树立起一种必定要成功的信念。

无论任何时候，告诉自己：我一定要，而且能够成功。这样，你就能够成功。

当恺撒率领他的军队从高卢渡海而来，登陆现在的英格兰的时候，他是怎样取得胜利的呢？他把军队带到了多佛海峡的白岩石悬崖上，让士兵们望着位于自己脚底200英尺的海面上燃烧的船只。士兵们知道，他们与大陆的最后联系已经断绝，退却的工具已经被焚毁，唯一可做的事情就是前进、征服、胜利。恺撒和他的军队就这样成功了。

恺撒成功的秘诀在于他使他的士兵们知道，他们必须取得成功，没有退路。当你想战胜面对听众所产生的恐惧及克服提高自己的说话能力必然要面对的困难时，为何不让自己拥有这种精神呢？把消极的思想全部扔到火里焚烧，并把身后通往犹豫退缩的大门紧紧关上，你就必将取得成功。

耶鲁大学的乔治·戴维森教授就是依靠这种强大的信念取得成功的。年轻时候的乔治有一个梦想，他希望能够改变世界、服务全人类。为了达到这个理想，他需要接受最好的教育，而美国是他最理想的去处。

当时的乔治身无分文，要到1万千米外的美国去，简直就是天方夜谭。不过，他还是出发了。他徒步从他的家乡尼亚萨兰的村庄出发，穿过东非荒原到达开罗，在那儿他可以乘船抵达美国。他一心想的是到达那个可以帮助他改变自己命运的国家，其他的一切他都可以置之度外。

他一开始就遇到了极大的困难。在崎岖的非洲大陆上，他用了5天才艰难地跋涉了25英里（约40千米）。他的食物已经吃完，水也已经喝完，而且，他身无分文。他还需要继续前进几千英里。回头吗？还是拿自己的生命赌一把？乔治知道，回头就是放弃，就是回到贫穷和无知。而他不想这样。他相信自己能够克服这些困难，到达自己的目的地。于是，他对自己说："继续前进，除非我死了。"

他继续孤独地前行。他常常席地而睡，以野果和其他植物维持自己的生命。旅途使他变得瘦弱不堪。由于极度的疲惫和近乎绝望的灰心，几次他都想放弃。但是每当这时，他就自己给自己鼓气。终于，他战胜了自己的怯懦，充满信心地继续前进。

经过种种磨难和痛苦，1950年10月，乔治终于用两年的时间来到了美国，骄傲地跨进了斯卡济特峡谷学院的大门。

凭着对目标的专注和近乎神圣的成功信念，乔治战胜了常人难以战胜的困难。还有什么比这件事情更加难以办到的呢？

在一次广播节目中，主持人要我用三句话来说明我学到的最重要的一课。我当时是这么说的："我所学到的最重要的一课，是我们的思想对我们非常重要。如果我能了解一个人的思想，我就能了解他这个人，因为正是思想造就了我们。而如果我们能够改变自己的思想，也就能改变自己的一生。"

为了达到目标，你需要建立足够强大的自信和目标必将实现的信念，你必须对自己说话能力训练的努力成果保持轻松而乐观的态度。从现在开始，你就要积极地设想自己的努力最终会使你成功。你应该想到，你努力的结果必然是，当需要在众人面前站起来说话时，你能够从容不迫地侃侃而谈、清晰明白地表达你的观点。你一定要把你的决心和信念烙在每个词句、每项行动上，并且竭力培养这种能力。

卡耐基训练班里有一名叫乔·哈弗斯第的学员。有一天，他站起来信心十足地对大家说，他不满足于做一名房屋建造商，他希望自己成为"全国房屋建筑协会"的发言人，他最想做的事是在全国各地奔走，把他在房屋建筑业中遇到的问题和获得的成就告诉人们。

难能可贵的是，他不但对理想有一种狂热的追求，而且真的说到做到。他想讲的，不仅仅包括地方性的问题，还包括全国性的问题。对于这样的想法，他并没有三心二意，而是用心地准备自己的演讲，并且用心地进行练习。在上课期间，他从没有耽误一次课；即使再忙，他也仍然一丝不苟地按照训练班的要求去做。结果他的进步十分迅速，令大家都十分惊讶。两个月之后，他成了班上的佼佼者，被选为班长。

大约一年以后，乔·哈弗斯第的老师这样写道：“我几乎已经忘记了来自俄亥俄州的乔·哈弗斯第了。一天早上，我正在吃早餐。当我不经意间打开《弗吉尼亚向导》的时候，书中醒目的位置上赫然有一幅乔的照片和一篇称赞他的报道。报道中说：前天晚上，他在一次地区建筑商的盛大聚会中发表了精彩无比的演讲。这时的乔已经不是‘全国房屋建筑协会’的发言人了，简直就像是会长了。”

乔·哈弗斯第为什么能够成功呢？因为他有强烈的欲望，保持了高度的热忱，具备了克服困难的坚强毅力；更加重要的是，他相信自己一定能够成功。

一个成功者不一定具有不同于一般人的本领和才智，但他坚信自己一定能够成功，并且，他会把全部精力用于追逐成功的行动当中。这样，成功的概率就会大大提高。

因为，人——无论是谁——本身都有无穷的潜在能力，但能否开发出来，往往取决于每个人自己的态度。如果你相信自己能够成功，那么你就必定能够成功。

<使你的信心烙在每一个字词、每一项行动中去。>

积极的心理暗示

◎不必过于胆怯和拘谨。

◎要相信，有时候行动能够改变你的感觉。

◎即使有一点紧张也不要紧，关键是要正确地进行处理。

一个人上楼梯，分别以6层和12层为目标，其疲劳状态出现的早晚是不一样的。我发现，如果把目标定在12层，疲劳状态会出现得晚一些。因为当你爬到6层的时候，你的潜意识便会暗示自己：还有一半呢，现在可不能累啊！于是你就会继续鼓气往上爬。

也就是说，目标高低带来的自我暗示直接决定了我们行为能力的大小。进而我们可以得出这样的结论：意识不但会影响到你的心理状态，而且会直接影响到你的生理状态。这就是心理暗示的重要性。

自我暗示真的管用吗？是的。现代实验心理学家都同意这样一种观点：由自我暗示而产生的动机，即使是假装的，也会成为人们快速学习的最有力的诱因之一。因此，请对自己进行积极的自我暗示。

威廉·詹姆斯曾说过这样的话："人们通常认为行动总是跟随在感觉之后，但实际上，这两者是并存的关系。行动为人们的意志所制约。借着制约行动，意志可以间接地制约感觉，而感觉并不受意志的直接控制。

"因此，当我们不再感到快乐时，唯一的改变办法就是：愉快地睡觉、吃饭、谈话，尽量从行动上表现出你很快乐。如果这样都不能改善你的心情的话，那么就再没有别的办法了。

"让自己勇敢起来，即使只是从行动上表现出来，因为人们总是习惯于自我催眠。行动可以间接影响你的感觉，然后调动你所有的意志来达到这个目的。这样，勇气也就会取代恐惧了。"

这就是一种心理暗示。如果你怀疑这种理论，你可以和曾看过这本书并且照着这个方法去做的人，或者和上过我的训练班的学员去谈谈，你将会相信这一点的。

接下来我将举一个例子以证明这种心理暗示理论的正确性。这个人被视为勇气的象征。他也有过胆怯的时候，但他决心只依靠自己。

于是，在不懈的努力之后，他终于成了受人敬仰的勇士。他就是反对托拉斯、以言论左右听众、手里挥舞着总统权杖的西奥多·罗斯福。

他的自传里这样写道：“我曾是一个体弱多病而且笨拙的孩子。年轻的时候，我常常处于一种紧张的状态中，对自己也没有信心，因此不得不艰苦地训练自己。这种训练并不只是身体上的，也包括灵魂和精神上的。”

一个这样的孩子，是怎么变成勇士的呢？他在自传里解释了让他得以转变的原因：“我在马里埃的书中看到过一段话，印象极为深刻，并把它时时记在心里。这是一个小型英国军舰的舰长向主角解释如何才能顶天立地、无所畏惧地生活的一段话。他说，最初要行动的时候，每个人都会紧张、不安，重要的是，不应让这种恐惧感延续下去。你应该采取的方法是：控制自己，表面上装作若无其事的样子。这样持之以恒，假装的就会变为现实。他只不过是想练习坚强的意志，但这种练习让他变成了真正的勇者。

“这就是我训练自己的方法。一开始，从人灰熊到野马、猎枪，我什么都怕，可我尽量装出不怕的样子来；慢慢地，我不再恐惧。人们要是愿意，也可以像我一样。”

第二次世界大战期间，有一名犹太人想要活着走出纳粹集中营。人们都说这是不可能的——丧心病狂的纳粹分子随时可能把他们成批地拉出去枪毙；另外，恶劣的生存环境让人们生病、相互传染以至相继死亡。总之，人们都已经失去了生存的信心。但是，这位犹太人暗暗地告诉自己：“某月某日，联军一定会来拯救我们的。在此之前，我一定要好好地活下去。”结果，在他预定的那个日子来临之前，他的同伴一个个死去，但是他却坚强地活了下来；然而，当他预定的那个日子来到以后，他却像他的同伴一样，急速地衰弱并且死亡了。

从上述事例我们可以看出，心理暗示确实能够给我们带来勇气。积极的心理暗示可以使我们克服恐惧、战胜困难，对我们做任何事情都十分有利。那些敢于接受这项挑战的人将发现自己正脱胎换骨，享受更丰富、更美好的人生。

说话当然也是如此。卡耐基训练班的一名学员——他是一位店员——告诉我："最初，我很害怕和顾客说话，每次都是心惊胆战的。后来我告诉自己，其实顾客是很好说话的。几次之后，我不再害怕了，觉得自己有信心了，和顾客说话也一点不紧张了。现在，我甚至开始理直气壮地说出自己的不同意见。上训练班后的第一个月，我的销售业绩提高了将近一半。"

另一位家庭主妇学员也告诉我："原来我不敢邀请邻居到我家里来做客，我怕自己不能跟他们融洽地谈话。上了卡耐基训练班之后，我觉得自己不再那么害怕了。最近我开了一次家庭宴会，举办得非常成功，我往来于客人之间，尽情地与他们交谈。"

他们都成功地运用了心理暗示，从而克服了自己的恐惧。另外，我们在致力于提高自己的说话水平的时候，必然会遇到各种困难，这种心理暗示也同样可以帮助我们战胜这些困难。所以，当你开口说话或者需要拿出勇气来战胜困难的时候，不妨摆出一副信心满满的样子。如果你已经准备妥当，就勇敢地把你想要说的话表达出来吧！

<如果你在说话的时候有失误，你可以把它当成是你的幽默或别的什么东西。总之，要给自己适当的、积极的心理暗示。告诉自己，一切都很好。>

培养自信心

◎找出让你感到不自信的根源，想办法解决它们。

◎你的自信会引领你走向成功，所以，你需要自信满满地站起来说话，什么都不用想。

◎如果你能发现，自己仅仅只是怯场——那不一定是由于不自信造成的——这样问题就好办多了，因为你可以夸张地相信，几乎人人都害怕当众讲话。

几年前，我和我的朋友来到了阿尔卑斯山的维尔德·凯塞山面前，想要征服这座据说很危险的山。《贝德克旅行指南》上说，业余登山员应该有一个向导带路，因为攀登这座山峰很困难。我们俩都不是专业登山员，但是我们并没有请向导。后来，我们取得了成功。

在我们登山之前，一位朋友问我们能不能成功，我口气坚定地告诉他："一定能！"

"为什么这么肯定呢？"那位朋友继续问道。

我说："也有人像我们一样没有向导而取得了成功。而且，我做任何事情都不会想到失败的。"

我的班上，有很多学员在学习完了之后坐在一起谈自己的心得。有相当多的人都认为他们所学到的最重要的东西是对自己要有信心，也就是说，对自己成功多了一分信心。在某种程度上，没有什么比自信更加能够将一个人引向成功。

要自信，这是你做任何一件事情都必须要有的正确心态。不论是攀登珠穆朗玛峰，还是和别人说话，自信都是你成功的基本前提。

所以，在你开始说话之前，首先树立你的自信心。

1. 针对不足进行训练

如果的确存在一些不足，你可以进行针对性的训练，克服这些困难和不足，从而树立自信。名列古希腊“十大演讲家”之首的德摩悉尼从小就有口吃的毛病，而且他在说话的时候总是一个肩膀高一个肩膀低，还不停地抖动。在那样一个崇尚口才的时代，这样的人理所当然地会受到歧视。他十分苦恼，并且有很深的自卑感。不过，他并没有被自卑打倒，而是以超常的毅力和吃苦精神进行刻苦的训练。每天清晨他都站在海边，口里含着石子进行练习；针对爱抖动的毛病，他对着镜子练习，并且在两个肩膀上挂两把剑，这样就不会抖动了。经过刻苦的训练，正如我们所知道的那样，他最终成为一个十分出色的、受人尊敬的演讲家。

2. 充分准备，树立信心

一个人说话成功的程度，跟说话之前所做的准备有很大关系。林肯说：“即使是再有实力的人，如果没有精心的准备，也无法说出有系统、高水平的话来。”所以，你需要在说话之前广泛地收集素材，并对你的主题进行深入细致的思考。当你确认自己准备充分之后，不妨设想自己正在以完全的控制力对他人说话。这是你很容易就能做到的。只有相信自己能够成功，并且坚定不移地相信自己，你才会成功。

3. 进行积极的自我暗示

真正的困难不在上面所提到的两点。我们绝大多数人都不像德摩悉尼那么不幸，并没有口吃的毛病，也没有其他的先天不足。

从心理学上说，自卑或者羞怯感总是会不同程度地在我们身上存在着。美国的一个调查表明：在宴会上与陌生人接触时，大约有 3/4

的人会感到局促不安；同样，由于羞怯或者自卑感造成的演讲或其他说话失败的例子更是屡见不鲜。可以看出，一个人没有自信，并不是因为他自己真的天生不如人，而是他自以为如此。因此，只有完全克服这种感觉，你才能正常甚至超常发挥。

你所有的准备，都是为了说话的那几分钟。不管你准备得如何，在一般情况下，说话的时候都可能会有不自信的感觉袭来。产生它的原因，可能是你担心自己还没有完全准备好——实际上你已经准备得相当充分了，但是你认为自己可能疏漏了什么；也有可能是因为你担心听众比你的水平高，而你所讲的东西对他们来说过于简单；或者你担心可能会出现什么突发事件，比如在你的说话过程中有人打断你等等。这些想法最致命的危害就是给你消极的自我暗示。你必须想办法把它们从你的心里赶出去。

有位英国青年律师要和一群知名的律师在法庭上辩论。他做了充分的准备，但是仍然感到不放心，担心自己会把辩论搞砸。于是，他去请教法拉第先生。他问法拉第："我的对手比我知道的多得多，我必败无疑吗？"

法拉第先生简单明白地告诉他说："如果你想成功，告诉自己，他们一无所知！"

当你说话的时候，看着对方的眼睛，然后信心十足地说话，就好像他欠了你的钱，而他听你说话，只是为了请求你宽限还债的期限一样。这种心理暗示作用，对你树立自信也有很大的帮助。

< 自信并不是盲目的。如果你连你所要说的主题都没有进行充分的思考、连素材都没有准备好的话，你必须承认这一点。否则，如果因为没有充分准备而失败，你以后就会更加不自信。>

拥有坚强的意志力

◎当你失败的次数够多，而你又没有被击倒，你就一定会成功。

◎一个人的成功，在很大程度上取决于他的信念程度。成功者只是多了一份坚持。

◎如果你用顽强的意志克服了一种不良习惯，那么你就能获取面对另一次挑战并且赢得胜利的信心。即使面对的新任务更加艰难，但既然以前能成功，这一次也一定会成功。

◎在遇到困难时，想象自己克服它之后拥有的快乐。

这一节里，我专门来讲关于意志力的问题。坚强的意志力要求我们在努力的过程中专心致志，拥有不达目的不罢休的韧劲以及克服困难的顽强精神。

如果我们想要成功，那么我们在做任何事情的时候都需要有坚强的意志力。英国政治活动家、小说家爱德华·立顿是一个成功者。他一生中走访了很多地方，所见甚广，也积极参与政界活动和各种社会事务；另外，他还出版了60本著作，而这些课题都是需要深入研究的。人们很奇怪整日忙碌的他竟然还有时间来做学问，于是问他：

“你在百忙之中居然还完成了那么多著述，难道你有可以同时完成这么多工作的分身术吗？”

爱德华当然没有分身术，他拥有的是坚强的意志力。他通常每天只花3个小时甚至更少的时间来研究、阅读和写作，但是他却充分地利用了这3个小时。在这些时间里，他全神贯注地投入到他的学习和研究中，用心极为专一。正是这种坚强的意志力，使他只用了少量的时间就取得了巨大的成就。

我们在致力于提高自己口才的过程中，需要像爱德华·立顿一样心无旁骛地进行训练。因为只有充分利用了自己有限的时间，专心致志地致力于提高自己的口才，才能最终取得成功。

进行初始训练的时候，你不可避免地会遇到挫折、困难。这些困难会给你带来不同程度的创伤，会使你的信心动摇。在你遇到困难的时候，不用去想为什么会有这些问题，因为本来就有这些问题。要知道，世上没有任何东西可以代替毅力和决心。许多人有才能但却失败了，就是因为缺少毅力和决心。我们要相信，最困难的时候，就是离成功不远的时候。成功的秘诀其实很简单，那就是无论何时，我们都不能允许自己有一点点的灰心。

我在前面举了乔·哈弗斯第成功的例子。乔·哈弗斯第成功的原因一方面在于他坚信自己能够成功，另一方面在于他有着坚强的意志力，在通往成功的道路上，他就是靠这个优秀的品质把困难赶跑的。

我将说一个故事来证明这一点，这个故事的主人公叫作克劳伦斯·B. 蓝道尔，他现在已经登上了企业的最高层，成为商界的传奇人物。

蓝道尔先生在大学里第一次站起来说话时，像很多人一样，因为不善言辞而失败了。当时，老师规定每个人有5分钟的说话时间，但是他却讲了不到一半就脸色发白，不得不十分困窘地走下讲台。

可是，他虽然有这样的经历，却并不甘心失败。他下定决心要成为一个说话高手，并且一直坚持不懈地努力，最后终于成为政府的经济顾问，受到了世人的仰慕。他写过许多富有启迪的书。在其中一本叫作《自由的信念》的书里，他提到了他当众演讲的情形：

“我的演讲安排得十分紧凑，因为我要参加各种聚会，其中包括厂商协会、商务部、扶轮社基金筹募会、校友会以及其他团体举办的聚会。我曾经在密歇根州得艾斯肯那巴发表爱国演讲，慷慨激昂地投身于第一次世界大战；我还和米基·龙尼下乡进行慈善演讲，与哈佛大学校长詹姆斯·布朗特·柯南、芝加哥大学校长罗伯·M. 胡钦斯下乡进行教育宣传；我的法语很糟糕，但是我却用法语发表过一次餐后演讲。”

“我认为我了解听众们想要听什么以及他们希望这些内容如何被讲出来。对于演讲的人来说，这里面的窍门就是：只要你愿意学，没有什么是学不会的。”

蓝道尔先生的故事告诉我们：成功的决心和信念，是决定成为一个说话高手的关键因素。如果我知道你的心思、知道你的意志的强度以及你是否有乐观的态度，那么我就可以准确地预测出你在改进当众说话技巧方面会有多快的进步。

任何人，只要他希望迎接语言的挑战，希望自己能够简单明白地表达自己的观点并让别人了解自己的才华，就一定要具备坚毅的决心。

那些成功地获得了说话技巧的人中，只有极少数人是真正的天才，大部分人都是跟你我一样的普通人。但是，由于他们肯坚持，他们也同样获得了成功。至于较特殊的人，则有时会气馁，没有坚持下来，结果反倒庸庸碌碌。只要有胆量、有目标，走到路的尽头时，往往也就爬到了顶端。

这是合乎人性与自然的。在商业领域以及其他行业中，相似的事情随时都在发生。著名的石油大王洛克菲勒曾说：耐心与相信收获终将到来是商业成功的第一要诀。它也是说话能够成功的重要条件之一。坚定地相信自己会成功，你就会去做走向成功所必须做的一切，因而也必定能成功。

你要注意的是，坚强的意志力并不是一朝一夕就可以具有的，也并非是生来就有或者是不可能改变的特性，它是一种能够培养和发展的技能。你在平时就应该培养自己坚强的意志力。

<如果你因为看不到实际好处而对口才训练三心二意的话，光有愿望是无法使你心甘情愿地坚持下去的。试着权衡利弊——想想如果不成功的话将会有什么结果，而成功的话你又有什么收获，这样你就会主动地坚持下去。>

不放过每一个练习的机会

◎进步是一次一次慢慢得来的。每发表一次当众说话，你就朝成功的目标又迈进了一步。

◎当你错过一次说话的机会，你应该感到非常后悔。

◎开始学习说话时，你的过度紧张是可以原谅的。

我们都知道，一个人如果不下水，便永远也学不会游泳。说话能力也是如此。如果你不开口说话，即使学到了再多的关于口才或关于发音的知识，也不可能学会它。我前面举的所有说话高手的例子中，如果他们不经常说话并且不思考怎么更好地说话，他们也是不可能取得成功的。

第一次世界大战以后，我在125街青年基督协会所教授的课程已经改变，不再像当年一样。我每年都有新的观念加入课程，而有些旧思想则会被淘汰。但是有一点一直没有变化，那就是训练班的每个学员都被要求至少当众说一次话，更多的时候是至少两次。我认为，如果不经常练习的话，就算你读遍了所有关于口才的著作——包括我这本书，你也仍然学不会如何说话。所以，本书对你只是指引，你得有自己的实践才行。

每个人都会有理想的自我形象，希望别人以赞许的目光来看待自己。当他跟某个陌生人接触、与异性交往、与权威人士交谈或是当众说话的时候，他就会不由自主地意识到自我形象面临着某种威胁，担心自己一说话就错误百出、当众出丑，害怕别人说自己“笨蛋”“没水平”或者“爱出风头”“好表现”等。很多人由于对说话可能产生的结果的不确定性感到担心，因此不愿意开口。这种担心是完全没有必要的。你要知道，即使你没有说好，天也塌不下来，没有人会责怪你的。

萧伯纳向别人介绍自己提高口才的经验时说：“我借鉴了自己学溜冰的方法——我让自己一个劲地出丑，直到学会为止。”无论你是想成为一个像萧伯纳那样出色的演讲家，还是只想在人们面前从容不迫地讲话，你都应该抓住每一个可以练习的机会，尽量让自己“出丑”。

说话的机会到处都是。看看自己的周围，你会发现没有一个地方是不需要说话的。你可以有意识地参加一些组织，从事一些需要讲话的工作；你也可以在聚会上站起来说上几句，哪怕只是附和别人的几句话；开会的时候，不要让自己躲在角落里，而是要命令自己勇敢地站起来说话。只有这样，你才会知道自己有怎样的进步，才会学会说话的本领。

当你开口说话的时候，一开始你可能连自己都不知道自己想要表达什么观点，更谈不上什么文采和修饰了，但这不是什么大事。最重要的是你已经成功地开口说话了，如果你能坚持下去，接下来你要关心的问题才是这些。不论你有多么渊博的知识、多么睿智的大脑，你都不要期望一开始就能清晰明白地向别人表达出来。任何成功的说话高手都是从这一步走过来的。

“你说的这些道理我全都懂，”有一次，一位年轻的商务主管学员对我说，“可是我还是很犹豫，我似乎害怕学习的艰难和考验。”

“什么艰难、考验呢？”我说，“赶快丢掉这些思想吧！你为什么就不能用一种正确的征服性的精神来看待这个问题呢？”

“那是什么精神？”他问道。

“冒险精神。”我说。接着我又对他谈了一些通过说话获得成功，并且使自己的个性也发生了好的变化的例子。

“我一定要试试，我也要去从事这项冒险活动。”他最后说。

你正在读的这本书，是一本关于冒险行动的书。当你继续阅读本书并打算付诸实施的时候，你也是在进行跟他一样的冒险。你将会发现，在这项冒险活动中，你的自我引导能力和敏锐的观察力将会给你带来帮助；你还会发现，这项冒险将会从内到外地改变你。

< 抓住每一个机会说话。如果不开口，你永远提高不了你的说话能力，而别人将得到这个锻炼的机会。>

第二章

打动人心的交际语言

让对方多说话

◎在你已经说了一些话的时候，停下来，休息一下，给别人说话的机会。这不仅是在让你自己的嘴巴休息，也在某种程度上使你的大脑得到了休息——不要让它们连续工作得太久。

◎即使是我们的朋友，他们也不愿我们多夸耀自己的过去，而宁愿谈论他们的成就。

◎也许你的听众装作很认真地在听你的谈话，但是也许他没有真的认真在听。因此，最好让他也说说话。

费利普阿穆曾经说："我宁愿成为一个说话高手而不愿成为一个大资本家。"我们不妨相信他所说的话——他的话并不代表他不想拥有更多的钱，而是他认为：成为一个说话高手将使他成为资本家变得更加容易，或者成为资本家比不上拥有高超的说话技巧让他更加快乐。

的确，成为说话高手几乎是每个人梦寐以求的事情。所有的获取快乐的手段，都比不上能够随心所欲地表达自己的想法。我相信，如果让林肯在成为一个不会说话的天才和拥有卓越口才的普通人之间进行选择的话，他会更加愿意选择后者。不过，幸运的是，他同时拥有这两者。

但是，毕竟像林肯这样的人不多，即使只是作为一个伟大的演说家的林肯——而不管他其他杰出的才能——也屈指可数，更多的是那些每天都为说话而苦恼的人。大多数人都不是说话高手——如果情况相反的话，我相信这个世界会变得更加迷人——他们有的由于无法与妻子沟通导致家庭破裂，有的在谈判桌上败下阵来，有的无法向朋友清楚地表达自己的感受，更多的则是兼而有之。

“如何让自己成为一个说话高手而不仅仅是会说话而已？”卡耐基口才训练班的学员在一开始经常问我这样一个问题。

“这并不难，”我说，“只要你们掌握了一些训练方法。”

很多人急于让对方（为了写作的方便，除非特别提及，否则本书中“对方”一词指的是包括两人谈话中的“对方”、演讲中的“听众”等在内的所有场合的说话对象，即泛指的对象）明白自己的意见，话说得太多了。要知道，有时候话说得太多跟不说话的效果差不多。

尽量让对方多说话吧！他们对自己的事情和问题一定比对你了解得要多。所以，在必要的时候，向他们提一些问题，让他们告诉你一些事情。这样做将会使你们的交流更加有效。

如果你并不同意对方的观点，你可能想去反驳他。可是你千万不要这么做，因为这将是非常危险的。当一个人急于把自己的观点表达出来的时候，他绝对不会注意别人的观点。在这个时候，你要做的事情就是听听他有什么观点，鼓励对方充分地发表自己的意见。

首先，让我们来看看这种策略的运用在商业上的价值。

若干年前，美国最大的汽车制造公司之一正在和3家重要的厂商洽谈订购下一年度的汽车坐垫布。这3家厂商都已经做好了坐垫布的样品，并且已经得到汽车制造公司的检验。汽车制造公司告诉他们，他们可以以同等条件参加竞争，以便公司做出最后的决定。

其中一个厂商的业务代表R先生——他后来成为卡耐基口才训练班的学员——在班上叙述他的经历时说："不幸的是，我在抵达的时候，正患有严重的喉炎。当我参加高级职员会议时，我已经几乎说不出话来了。他们领我到一个房间，该公司的纺织工程师、采购经理、推销经理以及总经理跟我晤面。我站起来，想尽力说话，但是却只能发出沙哑的声音。最后，我只能在纸上写道：各位，对不起，我的嗓子哑了，不能说话。

"'那么，就让我替你说吧！'该公司的总经理看到后说。他帮我展示了我的样品，并且对着大家称赞了它的优点。在他的提议下，大家围绕着样品的优点展开了热烈的讨论。由于那位总经理在替我说话，因此在这场讨论中，我只是微笑、点头以及做了几个简单的手势。

"这个特殊的会议讨论的结果是我赢得了这份订单，和该公司签订了50万码的坐垫布。这是我获得的最大的订单——它的总价值为160万美元。我很幸运。我知道，假如我的嗓子没有哑，那么，我可能得不到这个订单，因为我对整个情况的看法是错误的。这个经历让我发现，让别人说话是多么的有益。"

交易成功的关键在于，如果你希望别人买你的商品，最好的办法莫过于让他们自己说服自己。在很多情况下，你不能直接向顾客推销你的商品，而要让他们在心底里觉得你的商品确实很有优势，从而主动来买你的商品。

让对方说话，并不只是在商业领域起到了它的作用，也有助于别的方面。比如，它可以帮助你处理家庭中的一些矛盾。

芭芭拉·威尔逊是卡耐基训练班的学员，她和她的女儿罗瑞的关系近段时间迅速恶化。罗瑞以前是个十分乖巧和听话的孩子，但是当她十几岁的时候，却与母亲产生了许多矛盾，拒绝与母亲合作。威尔逊夫人曾试图用各种方法威吓、教训她，但是都无济于事。

“她根本不听我的话，我几乎放弃了所有的努力。有一天，她家务活还没做完，就去找她的朋友玩。当她回来的时候，我照旧骂了她。我已经没有耐心了，我伤心地对她说：‘罗瑞，你为什么会这样呢？’

“罗瑞似乎看出了我的痛苦。她问我：‘你真想知道吗？’我点头。于是她开始告诉我以前从未跟我说过的事情：我总是命令她做这做那，从来没有想过要听她的意见；当她想跟我谈心的时候，我却总是打断她。我认识到，罗瑞其实很需要我，但她希望我不是一个爱发命令、武断的母亲，而是一个亲密的朋友，这样她才能倾诉烦恼。而以前，我从未注意到这些。从那以后，我开始让她畅所欲言，而我总是认真地听。现在，我们的关系大大改善，我们成了好朋友。”

同样地，让别人说话，可能对你求职也有很大的用处。

最近，纽约《先锋导报》刊登了一则招聘广告，他们需要聘请一位有特殊能力和经验的人。查尔斯·克伯利斯看到广告后，把他的资料寄了出去。几天之后，他收到了约他面谈的回信。

“如果能在你们这家有着如此不凡经历的公司做事，我将会十分自豪。听说在 28 年前，当你开始创建这家公司的时候，除了一张桌子、一间办公室、一个速记员之外什么都没有，简直难以置信。这是真的吗？”在面谈的时候，克伯利斯对与他面谈的老板这样说。实际上，每个成功的人都喜欢回忆自己早年的创业经历，并且十分高兴别人能听他讲下去。这个老板也不例外。他跟克伯利斯谈了很久，谈了他如何依靠450美元现金开始创业，每天工作12到16个小时，在星期日及节假日照常工作，以及他最后终于战胜了所有的困难。最后，这位老板简单地问了克伯利斯的经历，然后对他的副经理说：“我想他就是我们正在寻找的人。”

克伯利斯成功的原因可能没有这么简单，但是有一点十分重要：他聪明地提出了一个对方十分感兴趣的问题，并且鼓励对方多说话，因此给了老板很好的印象。

法国哲学家罗司法考说过：“如果你想结仇，你就要比你的朋友表现得更加出色；但如果你想要得到朋友，那就要让你的朋友表现得更出色。”他的意思是，当你的朋友胜过你时，他们就会产生一种自重感；但是如果相反，他们就会产生一种自卑感，并且开始对你猜疑和忌妒。

有时候，弱化我们自己的成就会使人喜欢你。德国人有句俗语，大意是：最大的快乐，便是从我们所羡慕的强者那里发现弱点，从而让我们得到满足。是的，你要相信，也许你的一些朋友会从你的挫折或弱点中得到更大的满足。

有一次，一位律师在证人席上对埃文·考伯说：“考伯先生，我听说你是美国最著名的作家，是这样吗？”考伯回答说：“我不过是徒有虚名罢了。”

考伯的回答方法是正确的。你或许不知道是什么使我们没有成为白痴，那并不是什么了不起的东西，只是你甲状腺中值5美分镍币的碘而已，而如果没有那点东西，我们就会成为白痴。我们都没有什么了不起的。人终有一死，百年之后，我们中的绝大多数都会被人忘记。生命如此短暂，我们不应该对自己小小的成就念念不忘，这样会使人厌烦的。因此，如果你希望别人的看法跟你一致，使你们的谈话进入佳境，就要鼓励别人多说话——这是你必须要做的事情。

< 我们可以在别人的谈话中找到你打算继续的话题。>

不要和别人争论

◎在你打算开口辩论之前，想想对方说的确实也很有道理。

◎在辩论时，也许你的意见和立场是对的，但是如果你想改变你对手的意志，辩论是最糟糕的方法。

◎真理有时候并非越辩越明。

◎不要直接指出他人的错误，因为这可能会给你带来一场无聊的争论。

第二次世界大战之后不久，我在伦敦得到了一个极为重要的教训。那时，我是澳大利亚飞行家詹姆斯的经理人。在大战期间和结束后不久，詹姆斯成为世界瞩目的人物。一天晚上，我参加了欢迎詹姆斯的宴会。那时，坐在我右边的一位来宾给我们讲了一段诙谐的故事，并在讲话中引用了一句话。

他指出这句话出自《圣经》，而我恰好知道这句话出自莎士比亚的作品。那时候，为了显得自己有多么突出，我毫无顾忌地纠正了他的错误。然而那人却说：“什么？那句话出自莎士比亚？不可能，绝对不可能。”他坚持认为自己是对的。

当时，坐在我左边的是我的老朋友加蒙，他是一个研究莎士比亚的专家。我们让加蒙来决定我们谁是正确的。加蒙在桌子底下踢了我一脚，然后说：“卡耐基，你是错的，这句话的确出自《圣经》。”

宴会之后我们一起回家。我责怪加蒙说：“你明明知道那句话是出自莎士比亚之口，为什么还要说我不对呢？”

“是的，一点都不错。”加蒙说，“那是莎士比亚的《哈姆雷特》第五幕第二场中的台词。可是卡耐基，我们都是这个宴会上的客人，为什么我们一定要找出一个证据，去指责别人的错误呢？你这样做会让别人对你产生好感吗？你为什么不能给他留一点面子呢？他并不想征求你的意见，也不想知道你有什么看法，你又何必去跟他争辩呢？记住这一点，卡耐基：永远不要跟他人发生正面冲突。这是一个真理。”

“永远不要和他人发生正面冲突。”说这句话的人现在已经不在这个世界上了，可是我会永远记住这句话。

这个教训给了我极大的震动。我原来是一个固执己见的人，从小就喜欢跟人辩论。读大学的时候，我对逻辑和辩论十分感兴趣，经常参加各种辩论比赛。后来，我在纽约教授辩论课，甚至还计划着手写一本关于辩论的书。现在，我一想起这些事，就会感到十分羞愧。

那天之后，我又聆听了数千次辩论，并且十分注意每次辩论会之后产生的影响。我得出一个结论，它也是一个真理：天下只有一种方法能得到辩论的最大胜利，那就是像避开毒蛇和地震一样，尽量去避免辩论。

我还发现，在辩论之后，十有八九，各人还是会坚持自己的观点，相信自己是绝对正确的。

辩论产生的结果只能是失败，永远无法获胜。即使表面上你取得了胜利，实际上却与失败没有什么区别。因为就算你在辩论会上胜了对方，把对方驳得体无完肤，甚至指责对方神经错乱，可是结果又会怎么样呢？你自然逞了一时之快，自然很高兴，但是对方却会感到自卑。你伤了他的自尊，他会对你心怀不满。

你应该知道，当人们被迫放弃自己的意见而同意他人的观点的时候，就算他看起来是被说服了，实际上他反而会更加固执地坚持自己的意见。

巴恩互助人寿保险公司为他们的职员定下了这么一条规定：不要争辩。他们认为，一个好的推销员是不会跟顾客争辩的，即使是最平常的意见不合，也应该尽量避免。因为人的思想是不容易改变的。

老富兰克林的话正好可以说明这一点："如果你辩论、反驳，或许你会得到胜利，可是那胜利是短暂、空虚的，而你将永远也得不到对方对你的好感。"空虚的胜利和人们对你的好感，你希望得到哪一样呢？

威尔逊总统任职期间担任财政部长的玛度，以他多年的从政经验告诉人们一个教训："我们绝不可能用争论使一个无知的人心服口服。"而如果要我说的话，我认为：你别想用辩论改变任何人的意见，而不只是无知的人。

下面我将再举一个例子。所得税顾问派逊先生，曾经为了一笔9000美元的账目问题和一位政府税收稽查员争论了一个小时。派逊的意见是：不应该征收人家的所得税，因为这是一笔永远无法收回的呆账。而那位稽查员却认为必须要缴税。

派逊在讲习班上讲了后来的情形：

"他冷漠、傲慢、固执，跟这种人讲理，就如同在讲废话。越跟他争辩，他越是固执己见。后来我决定不再继续跟他争论下去，于是就换了个话题，还赞赏了他几句。

"'由于你处理过许多类似的问题，'我这样对他说，'所以这个问题对你来说肯定是小菜一碟。而我虽然也研究过税务，但不过是纸上谈兵。你当然知道，这些是需要实践经验的。说实在话，我非常羡慕你有这样的一个职务，这段时间让我受益匪浅。'

"当然，我跟他讲的，也都是实在话。那位稽查员挺了挺腰，就开始谈他的工作，讲了许多他所处理的舞弊案件。他的语气渐渐平和下来，接着又说到自己的家庭和孩子。临走的时候，他对我说他打算回去再把这个问题考虑一下。

"3 天后，他来见我，说那笔税按照税目条款办理，不再多征收。"

这位稽查员的身上，显露出了人性的一个常见的弱点，即希望得到别人的认同。当派逊跟他争辩的时候，他显得十分有权威，希望以此来建立自尊，而当派逊认同他的时候，他就随即变成了一个和善的、有同情心的人，从而自然而然地停止了争论。

释迦牟尼说过："恨永远无法止恨，只有爱才可以止恨。"因此，误会不能用争论来解决，而必须运用一定的外交手腕和给予别人的认同来解决。

林肯曾经这样斥责一位与同事争吵的军官："一个成大事的人，不应处处与人计较，也不应花大量的时间去和他人争论。无谓的争论不仅会有损你的教养，而且会让你失去自控力。尽可能对别人谦让一些。与其挡着一只狗，不如让它先走一步。因为如果被狗咬了一口，就算你把这只狗打死，也不能治好你的伤口。"我认为，林肯的话也应该成为你的行动准则。

<在推销中也是如此。真正的推销术不是争论，即使是不露声色的争论。>

永远不要指责他人的错误

◎尊重他人的意见，不要随便地给出你的判断。

◎在你指出他人的过错之前，想一想这样做是否有好处。

◎判断别人的对错，不一定要根据自己的原则，可以试着用他人的原则，可以设身处地地想一想。

◎争辩得胜只能使你得不偿失，逞一时之快不会给你带来更多的好处。

当年，西奥多·罗斯福入主白宫的时候说，如果他在执政期间能有75%的时候不犯错，那就达到了他的预期目的了。这位20世纪最杰出的人物尚且如此，那么作为普通人的你我呢？假如你确定自己能够做到55%的正确率，你就可以去华尔街，在那里你可以日进100万美元，丝毫没有问题。如果你没有这样的把握，那么你也不要去说别人哪里对哪里错了。

我现在已经不再像以前那样轻易地确定任何事了。20年以前，我几乎只相信乘法表；现在，我开始对爱因斯坦的书里所说的产生怀疑；而20年后，我或许也不再相信这本书里所说的话了。苏格拉底的那句话说得实在很精彩：“我只知道一件事，那就是我什么也不知道。”我不敢跟苏格拉底相比，因此我也尽量不告诉别人说他们错了。

事实上，大多数人都不会进行逻辑性的思考，他们都犯有主观的、偏见的错误。多数人都有成见、忌妒、猜疑、恐惧及傲慢的心理，而这些缺点将给他们的判断带来影响。如果你习惯于指出别人的错误的话，请你认真阅读下面的这段文字。它摘自于著名心理学家卡尔·罗吉斯的《怎样做人》一书。

“当我尝试了解他人的时候，我发现这实在很有意义。对此，你可能会感到奇怪，你可能会想：我们真的有必要这样去做吗？我认为，这是绝对必要的。我们在听到他人说话的时候，第一反应往往是进行判断或进行评价，而不是尽力去理解这些话。当别人说出某种意见、态度或想法的时候，我们总是会说‘不错’‘太可笑了’‘正常吗’‘这太离谱了’等评论性的话。而我们却很少去了解这些话对说话人有什么意义。”

另外，詹姆斯·哈维·鲁宾逊教授在《决策的过程》中写了下面一段话，对我们也很有启迪意义。

“……我们会在无意识中改变自己的观念。这种改变完全是潜移默化而不被我们自己注意的。但是，一旦有人来指正这种观念，我们一般会极力地维护它。很明显，这并不是因为观念本身的可贵，而是因为我们的自尊心受到了伤害……在为人处世时，‘我的’这个词既简单又重要。妥善地处理好这个词，是我们的智慧之源。无论是‘我的’饭、‘我的’狗、‘我的’屋子、‘我的’父亲，还是‘我的’国家、‘我的’上帝，都拥有同样巨大的力量。我们不仅不喜欢别人说‘我的’手表不准或‘我的’汽车太旧，也不喜欢别人纠正我们对于火星上水道的模糊概念、对于E·Pictetus一词的读音，以及对于水杨素药效的认识，或对于亚述王沙冈一世生卒年月的错误……我们总是愿意相信我们所习惯的东西。当我们所相信的事物被怀疑时，我们就会产生反感，并努力寻找各种理由为之辩护。结果怎样呢？我们所谓的理智、所谓的推理等，就变成了维系我们所习惯的事物的借口了。”

在这样的情况下，我们得出的判断可靠吗？当然不可靠。既然自己都不能确信自己就是对的，我们还有资格对别人指手画脚吗？

当然，如果一个人说了一句你认为肯定错误的话，而且指出来对你们的交流会有好处的话，你当然可以指出来。但是，你应该这么说：“噢，原来是这样的。不过我还有另外一种想法，当然，我可能不对——我总是出错。如果我错了，请你务必毫不客气地指出来。让我们看看问题所在。”

用这类话，比如“我也许不对”“我有另外的想法”等，确实会收到神奇的效果。无论何时，无论何地，不会有人反对你说“我也许不对，让我们看看问题所在”。

柏拉图曾经告诉人们这样一个方法：“当你在教导他人时，不要使他发现自己在被教导；指出人们所不知的事情时，要使他感到那只是提醒他一时忽略了的事情。你不可能教会他所有的东西，而只能告诉他怎么处理这种事情。”英国19世纪的著名政治家查斯特费尔德对他的儿子这样说：“如果可能，你应该比别人聪明；但绝不能对别人说你更加聪明。”

永远不要这么说：“我要给你证明这样……”这对事情无益，因为你等于在说：“我比你聪明，我要告诉你这样去做才是对的。”你以为他会同意你吗？绝对不会，因为你直接打击了他的智慧、他的判断力以及他的自尊。这永远不会改变他的看法，他甚至有可能起来反对你。即使你用严谨如柏拉图或康德的逻辑来和他辩论，你也不能改变他的看法。因为，你已经伤害了他的感情。

如果你确定某人错了，就直截了当地告诉了他，那么结果会怎么样呢？让我们来看看具体的事例，因为事例可能更有说服力。

F先生是纽约的一位青年律师，最近参加了一个重要案件的辩论。这个案件由美国最高法院审理。在辩论中，一位法官问F先生："《海事法》的追诉期限是6年，是吗？"

F先生有些吃惊，他看了法官一会儿，然后直率地说："审判长，《海事法》里没有关于追诉期限的条文。"

人们顿时安静了下来，法庭中的温度似乎降到了零度。F先生是对的，法官是错的，F先生如实地告诉了法官。但是结果如何呢？尽管法律可以作为F先生的后盾，而且他的辩论也很精彩，可是他并没有说服法官。

F先生犯了一个大错，他当众指出了一位学识渊博、极有声望的人的错误，所以他失败了。他这样做有益于事情的解决吗？事实证明，一点也没有。

即使在温和的情况下，也不容易改变一个人的主意，更何况在其他情况下呢？当你想要证明什么时，你大可不必大声声张。你需要讲究一些策略，使对方在不知不觉中接受你的观点。

如果你想要在这方面找一个范例的话，我建议你读一读本杰明·富兰克林的自传。在这本书里，富兰克林讲述了他是如何改变争强好胜、尖酸刻薄的个性的。

富兰克林年轻的时候总是冒冒失失。有一天，教友会的一位老教友教训了他一顿："你可真的是无药可救。你总是喜欢嘲笑、攻击每一个跟你意见不同的人，而你自己的意见又太不切实际了，没人接受得了。你的朋友一致认为，如果没有你，他们会更加自在。你知道的东西太多了，没有什么人能够再教你什么，而且也没有人愿意去做这种事情，因为那是吃力不讨好的。可是呢，你现在所知又十分有限，却已经学不到什么东西了。”

富兰克林决定接受这尖刻的责备，实际上他那时候已经很成熟和明智了，但是他知道这是事实，而且对他的前途有害无益。富兰克林回忆说：

“我定下了一条规矩：不许武断、不允许伤害别人的感情，甚至不说‘绝对’之类的肯定的话。我甚至不容许自己在自己的语言文字中使用过于肯定的字眼，比如‘当然’‘无疑’等等，而代之以‘我想’‘我猜测’‘我想象’或者‘似乎’。当我肯定别人说了一些我明明知道是错误的话，我也不再冒冒失失地反驳他，不再立即指出他的错误来。回答时，我会说‘在某种情况下，你的意见确实不错；但是现在，我认为事情也许会……’等。很快地，我就发现了我的改变所带来的效果。每次我参与谈话，气氛都变得融洽和愉快得多。我谦逊地表达自己的意见，不但让别人能够容易接受，而且还会减少一些冲突。而当我犯了错误的时候，我也不再难堪；当我正确的时候，更加容易使对方改变自己的看法而赞同我。

“一开始，采取这种方法的确跟我的本性相冲突，但是时间一长，也就越来越习惯了。在过去的50年里，我没有再说过一句过于武断的话。当我提议建立新法案或修改旧法律条文能得到民众的重视，当我成为议员后能具有相当大的影响力，都要归功于这一习惯。虽然我并不善辞令，没有什么口才，谈吐也比较迟缓，甚至有时还会说错话，但一般而言，我的意见还是会得到广泛的支持。”

这一小节中，我并没有讲什么新的观念。你要知道，在将近2000年前，耶稣就已经说过：“尽快跟你的敌人握手言和吧！”而在耶稣诞生之前的2000多年前，古埃及国王阿克图告诫他的儿子说：“谦虚而有策略，你将无往不胜。”我们似乎也可以这么理解：不要同你的顾客或你的丈夫争论，不要指责他错了，不要刺激他，你需要讲究一些策略，这样你才会成功。这就是我要讲的。

<你可以不同意他人的意见，同时你也要想一想，他人也可以不同意你的意见。>

勇敢地承认自己的错误

◎记住这句古话：“争斗永远无法使你得到满足，而让步将使你得到的比你期望的更多。”

◎有错就勇敢地承认，这正是所有伟大的人物所具有的高尚品格。

◎不要害怕别人会笑话你主动承认错误，事实上，如果你不承认的话，他们不但会给你指出来，而且更容易讥笑你的怯懦和虚伪。

乔治·华盛顿总统在很小的时候就显示出了许多优秀的品格。他家的种植园中种有许多果树。有一次，乔治的父亲华盛顿先生从大洋对岸买了一棵品种上佳的樱桃树。华盛顿先生非常喜爱这棵樱桃树，他把树种在果园边上，并告诉农场上的所有人要对它严加看护，不能让任何人碰它。

一天，华盛顿先生交给乔治一把锋利的小斧子，让他去清理杂树，然后自己就出去了。乔治十分高兴自己拥有一把锋利的小斧子，拿着它在种植园中乱砍杂树。可能是因为太高兴了，他一不小心就砍倒了那棵樱桃树。

那天傍晚，华盛顿先生忙完农事，把马牵回马棚，然后来果园看他的樱桃树。没想到，自己心爱的树居然被砍倒在地。他问了所有人，但谁都说不知道。就在这时，乔治恰巧从旁边经过。

“乔治，”父亲用生气的口吻高声喊道，“你知道是谁把我的樱桃树砍死了吗？”

乔治看到父亲如此愤怒，他意识到是自己的一时冲动闯了祸。他哼哼叽叽了一会儿，但很快恢复了神志。“我不能说谎，”他说，“爸爸，是我用斧子砍的。”

华盛顿先生这时候已经冷静了下来，他问乔治：

“告诉我，乔治，你为什么要砍死那棵树？”

“当时我正在玩，没想到……”乔治回答道。

华盛顿先生把手放在孩子肩上。“看着我，”他说道，“失去了一棵树，我当然很难过，但我同时也很高兴，因为你鼓足勇气向我说了实话。我宁愿要 个勇敢诚实的孩子，也不愿拥有一个种满枝叶繁茂的樱桃树的果园。一定要记住这一点，儿子。”

乔治·华盛顿从未忘记这一点。他一直像小时候那样勇敢、受人尊敬，直至生命结束。

我们中的大多数人都像乔治·华盛顿一样，从小就被教育要诚实，但很遗憾的是，我们中的大多数人已经做不到这一点了。当然，我们可以找出各种理由来为自己辩解，来使自己能够既撒谎又心安理得。在多数情况下，我们为了维护自己的尊严，或者出于自我保护而拒绝承认自己的错误，即使承认错误不会给我们带来任何惩罚——拒绝承认错误好像成为一种下意识的行为，就算我们并不清楚是为什么。

这是一种非常可怕的行为。如果你确认自己犯了错误，唯一能做的就是承认它。这并不会给你带来多么严重的后果。愚蠢的人，总会想办法为自己的错误辩解或者掩饰，而聪明的人却恰恰相反，他们通常会毫不掩饰地承认自己的错误，因为这会给他带来更多的东西。

纽约的一家汽车维修店里，曾经发生过一件勇敢承认自己错误的事情。

布鲁士新进这家维修店不久，就因为热情的工作态度得到了老板和同事们的一致好评。

但是有一天，布鲁士由于一时大意，把一台价值5000美元的汽车发动机以2500美元的价格卖给了一位顾客。同事们给他出主意，让他立即追回那位顾客；如果追不回，还可以私下里垫上这2500美元。可是布鲁士觉得这些方法都不好，他决定向老板承认错误。那些同事阻止他，认为他这么做简直太蠢了，因为这会导致他失去这份工作。但是布鲁士却坚持自己的意见。

布鲁士拿着一个装了钱的信封来到了老板的办公室。“对不起，布朗先生，”布鲁士说道，“今天，由于个人的原因，我犯了一个很大的错误，使维修店损失了2500美元。我为我犯了这样的错误而感到羞耻，并打算辞去这份工作。在走之前，我打算把这笔损失补上。这是我的2500美元赔款，请您收下。”

老板听后，沉默了一会儿，然后对布鲁士说：“你真的打算这么做吗？”

“是的，布朗先生，”布鲁士回答道，“我把发动机的价格搞错了，确实是我犯下了这个错误，因此只有我自己来承担这个责任。我本来可以去找那位顾客，但是这样会损害维修店的声誉。而我，对这件事情负有全部的责任。因此，我只能这么做。”

布鲁士这种勇敢承认自己错误的行为打动了老板。他知道，任何人都会犯错误，关键是要有承认和改正自己的错误的勇气。所以，老板并没有批准布鲁士辞职，而是给了他更大的发展空间，也更加器重他，而布鲁士则因为勇敢地承认自己的错误而获得了比 2500 美元多得多的东西。

史狄芬是一家裁缝店的老板，由于他经营有道，裁缝店的生意很好。一天，一位叫哈里斯的贵妇人来到店里，要求赶做一套晚礼服。史狄芬做完礼服之后，却发现礼服的袖子比要求的长了半寸。不幸的是，他已经没有时间再进行修改了，因为哈里斯太太规定的时间已经到了。

当哈里斯太太来到店里取她的晚礼服的时候，她并没有发现有什么问题。她试穿上晚礼服，发现它为自己平添了许多气质，于是连连称赞史狄芬的高超手艺。不料，等她试完之后打算按照原定的价格付钱时，史狄芬却拒绝接受。于是，哈里斯太太问他为什么。

“太太，”史狄芬说，“我之所以不能收你的钱，是因为我犯了一个很大的错误——我把你的晚礼服的袖了做长了半寸。我很抱歉，我希望你能够原谅我。如果你能够给我一点时间的话，我将免费为你把它做成你需要的尺寸。”

哈里斯太太听完话后，一再强调她对这件礼服很满意，而且并不在乎袖子长那么半寸。但是，她却无法说服史狄芬接受这套礼服的钱，最后，她只得让步。

哈里斯太太回去对她的丈夫说：“史狄芬以后一定会出名的，他认真地工作、精湛的技术、诚恳的态度使我坚信这一点。”

事实果然如此，史狄芬后来成为世界有名的服装设计师。

我可以举出上千个这样的例子，但是我没有必要这么做。这个道理人人都懂，只是实行起来有一些困难罢了。我想要强调的是，如果你确实想要成功，就一定要勇敢地承认自己的错误。

<承认错误时一定要诚恳。让人们相信，你真正认识到了这一点，并且将会尽力去改正。>

使对方一开始就说“是”

◎站在对方的立场上看问题，以对方的原则来说服他自己。

◎从最基本的问题——一个能轻易地得到“是，是”回答的问题——问起，不要吝于做这样的简单的事情。

◎如果你问到了一个对方可能回答“不”的问题，不妨巧妙地换一个问题。

◎你需要抓住事情的关键，把你最基本的问题巧妙地引导到关键问题上去。

伟大的苏格拉底是历史上赫赫有名的思想家。他所做的事情没有几个人能够做到。他彻底改变了人类的思想进程，同时也是影响这个世界的劝导者之一。

他的方法是告诉别人他们是错误的吗？当然不是。他的方法被称为“苏格拉底辩论法”，就是以对方肯定的答复作为这种方法的辩论基础。他提出的每一个问题，都会得到别人的赞同；然后，他连续不断地获得肯定的答复；最后，反对者会在不知不觉中承认苏格拉底的观点而放弃自己的观点。

这是不是很神奇呢？是的，但是如果你愿意的话，你也可以做到。方法很简单，那就是记住一开始的时候，要不断地让对方说“是，是”，千万不要让他说“不”。

跟人交谈的时候，不要一开始就谈论一些你们可能有分歧的事，你应该先强调你们都同意的事，并且需要不断地强调。然后，强调你们双方都在追求同一目标，试着让对方知道，即使你们有分歧，那也只是方法上的分歧，而不是目标上的。

先让我们来看一个例子。

纽约格林尼治储蓄所的出纳员詹姆斯·艾伯森是卡耐基训练班的学员，他曾经对这个策略深有感触。

“那天，”詹姆斯·艾伯森回忆说，“一个人走进来要开户，我让他先填写一些表格，其中有些问题他愿意回答，另外一些他根本不想回答。如果在以前，遇到这种情况，我会告诉这位顾客，如果他不向我们提供这些资料，我们就会拒绝为他开户。那样的‘警告’使我很愉快，因为这好像在说只有我说话才算数。但是，显而易见，这样的态度将使我们的顾客有不被重视的感觉。

“因为上了训练班的有关课程，我决定不跟他谈银行的规定，而是谈顾客的需要。所以，我同意了他的做法。我告诉他说，那些他拒绝填写的内容并不是绝对必要的。

“‘但是，’我引导他说，‘假如你去世，你不希望把存在我们银行的钱转移给你的亲属吗?

“‘当然。’他说。

“‘难道你认为，’我继续说，‘将你最亲近的亲属的一些资料告诉我们，使我们能够在你万一去世的时候准确无误地实现你的愿望，不是一个很好的办法吗?’

“‘是的。’他又说。

“就这样，最后他终于相信我们要这些资料的目的是为了他，他的态度就转变了。他不仅把他自己的全部资料告诉了我，还根据我的建议，开了一个信托账户，指定他的母亲为受益人，并爽快地填写了关于他母亲的详细资料。”

詹姆斯·艾伯森发现，一旦让那个顾客开始就说“是，是”，顾客便忘了他们之间的争执，并且愿意做詹姆斯所建议的事。

如果让人一开始说“不”，会有什么后果呢？我们来看看阿弗斯特教授在他的《影响人类的行为》一书中所说的一段话：

“一个‘不’的反应，是最难克服的障碍。人只要一说出‘不’，他的自尊心就会促使他固执己见。当然，也许以后他会觉得‘不’是不恰当的，然而一旦他考虑到宝贵的自尊，他就会坚持到底。所以，一开始就让人对你采取肯定的态度极为重要。”

他接着说，人的这种心理模式显而易见。当一个人说了“不”以后，如果他的内心也加以否定，他全身的各个组织都会协调起来，一起进入一种抗拒状态；反过来，如果他说了“是”，情况就会恰好相反——他的身体就会随之处于前进、接受和开放的状态，这将有利于改变他的看法或意志，使谈话朝积极的方向发展。

如果一开始的时候就使一位学生、顾客或你的孩子、妻子说“不”，那么，即使你有神仙般的智慧和耐心，也无法使那种否定的态度变为肯定。

其实，想得到对方的肯定并不难，只是人们忽略了如何去做。人们总是希望一开始对方就同意自己的看法，如果别人不同意的话，就急切地想驳倒对方，以获得对方的认同。他们或许认为这样做能够显示出自己的高明和突出。然而不幸的是，这种态度往往会适得其反。所以，最好的办法就是，一开始就让对方说“是”。

西屋公司的推销员雷蒙负责推销的区域内有一位富翁。雷蒙的前任和他花了13年的时间对这位富翁进行推销，但是直到最近，才使这位富翁答应购买了几部发动机。而当雷蒙再次去拜访他的时候，他却声称以后不会再订购西屋公司的发动机了，原因是他认为这些产品太热，不能把手放在上面。

雷蒙知道如果与他争辩的话，无疑会是徒劳。于是雷蒙打算找出让对方说“是”的方法。

雷蒙对那位富翁说：“史密斯先生，我完全同意你的看法。如果我公司的发动机确实过热的话，你不应该再买。你花了钱，当然不希望买到热量超过标准的发动机，是不是？”

“是的。”史密斯说。

“你知道，”雷蒙接着说，“电工行会的规定是，一架标准的发动机的温度不能比室内温度高72华氏度，是这样吗？”

“是的。可是你的发动机却高出了这一温度。”史密斯说。

“你工厂的温度是多少？”雷蒙问他。

“75华氏度。”史密斯想了一会儿然后说。

“这就对了，”雷蒙笑着说，“75华氏度加上72华氏度等于147华氏度。如果你将手放在147华氏度的水里，你会不会被烫伤呢？”

史密斯不得不说：“会的。”

“那么，”雷蒙继续说，“我建议你最好不要把手放在147华氏度的发动机上面。”

“我想你是对的。”史密斯说。接着他们又谈了一会儿，最后，史密斯答应在下个月订购西屋公司35000美元的产品。

雷蒙总结说：“我最后才知道，争辩不是聪明的办法。我们要站在对方的立场上去看问题，要设法让对方说‘是，是’，这才是真正的迈向成功的方法。”

<你必须戒除“诡辩”的种种可能，要让对方心悦诚服，而不是感觉自己钻进了你的陷阱。必须了解对方最关心的、认为最重要的问题，让对方在这样的问题上回答“是，是”。>

牢记他人的名字

◎首先，要明白记住别人的名字是一件十分重要的事情，这样你才会注意做这件事。

◎叫出别人的名字，比你费九牛二虎之力去做其他事情更加有效，它是一件事半功倍的事情。

◎要在你的谈话中直接称呼对方的名字，这样不但会使你对这个名字更加有印象，而且能够拉近你们的距离。

有钱人常常出钱资助那些穷困的作家、艺术家和音乐家。他们希望这些文艺家能够把作品献给他们，使他们的名字随着这些作品得以流传。在我们的图书馆和博物馆里，最有价值的艺术品往往由那些希望人们记住他们名字的有钱人捐赠。比如，纽约图书馆里有埃斯德家族与里洛克家族的藏书，大都会博物馆则保存着本杰明·埃特曼与J.P. 摩根德的签名书信，而几乎每一个教堂里都镶嵌上了彩色玻璃，用来纪念那些捐赠者。

这说明人们非常重视自己的名字，并希望别人能够记住。如果想要给人好感，最简单、最明显而又最重要的方式，莫过于能够随口喊出对方的名字。因为这样，你就给了别人受重视的感觉——而据我所知，每个人都希望拥有这种感觉。在记住别人的名字方面，富兰克林·罗斯福总统是一个典范。众所周知，罗斯福总统是这个世界上最忙的人之一。但是他知道记住别人名字的重要性，所以舍得花时间去记住那些人。一次，克莱斯勒公司特意为罗斯福总统制造了一辆汽车，总经理张伯伦和一位机械师将这辆汽车开到了白宫。在张伯伦的信里，他记述了当时的情形：

“我教罗斯福总统如何驾驶一辆配置了许多特殊部件的汽车，而罗斯福总统也教给了我许多为人处世的道理。总统非常高兴我被召入白宫，他立刻就叫出了我的名字，这使我非常高兴。令我印象尤为深刻的是，他确实很注意我为他所做的说明。这辆汽车进行了特殊设计，非常完美，可以完全用手进行操作。总统说：‘这辆汽车真是太完美了。只要按下这个按钮就可以开动它，而且可以毫不费力地进行驾驶。我不知道它是怎么工作的。我希望自己能有时间对它进行研究，看看它是如何工作的。’当总统的许多朋友和同事都围在四周称赞这辆汽车时，他又当着大家的面对我说：‘张伯伦先生，你设计这辆车花了大量的时间和精力，非常感谢你。这辆车简直太棒了！’然后，他又对车内的散热器、特制反光镜、时钟、特制的照明灯、椅垫的款式、驾驶座位、刻有他姓名缩写字母的特制衣箱等加以赞赏——他注意到了每个细节，对于我所付出的心血给予了极大的褒奖。他还特意让罗斯福夫人、秘书波金女士、劳工部长等人注意这些部件。他甚至嘱咐他的黑人司机，对他说：‘乔治，你可要好好照顾这些衣箱。’上完驾驶课程之后，总统对我说：‘好了，张伯伦先生，我已经让联邦储备委员会的委员们等我 30 分钟了。我想我应该回去工作了。’我当时带了一位机械师。这位机械师是一个很害羞的人，在我们说话的时候，他总是站在后面。尽管他自始至终没有和总统说过一句话，而且总统也只听我介绍过一次他的名字，但出乎意料的是，当我们离开的时候，总统特意找到这位机械师，并与他握手，还叫出了他的名字，对他来到华盛顿表示感谢。我能感觉出来，他的感谢一点都不做作，而是真心诚意的。几天之后，我收到了一张罗斯福总统亲笔签名的照片，照片后面还附有简短的对我的帮助表示感谢的言辞。作为一位国家元首，罗斯福总统怎么会有时间来做这样的事情呢？这真的让我难以置信。”

罗斯福总统何以给张伯伦先生如此深刻而美好的印象呢？当然不是因为他是国家元首，而是因为他给了人一种被重视的感觉。为什么他能给人这种感觉？原因很简单：他非常尊重他们，并且记住了他们的名字。作为一个政治家，记住选民的名字，往往是他的第一堂课，而如果忘记了他们的名字，你将会很失败。在每个人的事业和商业交往中，记住别人的名字也很重要。得克萨斯州商业股份有限公司董事长班顿拉夫有这样的感触：公司越大，人们之间的关系就会越冷漠。他认为，记住别人的名字，是唯一能使公司氛围变得融洽的办法。

洛克帕罗是加利福尼亚州一家航空公司的服务员，她经常训练自己记住旅客的名字，并注意在服务时叫他们的名字。这使得旅客感到很亲切。有的旅客会当面表扬她，而有的则会写信到公司表扬她。有一封表扬信这样写道：“我很久没有坐你们公司的飞机了。但是从现在开始，我决定以后只坐你们公司的飞机。你们亲切的服务让我觉得你们公司似乎是属于我个人的，这一点十分重要。”

大多数人常常不记得别人的名字，原因多数是他们没有注意到这件事情的重要性。现在，你既然已经知道记住别人的名字有多么重要，为什么还不花点时间和精力去做这件事情呢？拿破仑的侄子——

拿破仑三世曾经说："虽然我很忙，但是我不会忘记所听过的每个人的姓名。"

这不是因为他的记忆力很强，而是因为他的方法非常好。其实，他的方法十分简单。如果他没有听清楚对方的名字，他就会请求对方再说一遍；如果这个名字不常见的话，他会请求对方把这个名字拼写出来。而在谈话的过程中，他会将对方的名字反复记忆，并把它跟其长相、外表和其他特征结合起来。会见完的时候，他通常会把那个名字写下来，然后盯着它看很久，直到确认自己已经牢牢地记住了它才肯罢休。这样一来，当然记得很牢了。

这样看来，记住别人的名字的确需要花一些工夫，但是这显然是值得的。爱默生说过："礼貌，是由小小的牺牲换来的。"如果你打算融入这个社会，成为交际场上成功的人，这点牺牲又算得了什么呢?

<你可以做一些"姓名簿"之类的小本子，以便你记住每个和你接触过的人的名字。如果你忘记了对方的名字，在下次见面之前，先通过一些途径打听到他的名字，并且把它记住。>

第三章

影响命运的职场语言

讲话的方式很重要

◎在职场中的任何一个人都应该受到尊重——这是最基本的前提。

◎不要直接批评或指责别人，即使你拥有权威。

◎不要指使或命令别人怎么做，换一种方式达到这个目的。

一个人如果想要实现某个目标，只有一条路可以走，那就是：让自己的才能在工作中充分发挥出来，并且设身处地地为别人着想。让人颇感振奋的是，虽然工作总是让人很头疼，但是它的确既能使人们实现自己的理想，又能推动社会的进步，进而实现自我的价值。正是工作使自我和社会完美地结合在了一起。

也许正因为工作如此重要，所以大部分人——几乎所有人——都希望自己能够在职场中获得成功，希望自己能够有更高的工资、更高的职位及更多的来自他人的尊重。是的，人人都希望成功。但是关键在于，究竟怎样才能取胜？

卡耐基口才训练班中，有90%的学员来自职场。他们中有全国有名的公司的高层领导，也有小公司的底层职员；有从事案头工作的文员，也有从事推销工作的推销员；有工作多年、经验丰富的人，也有很多刚刚迈进职场的新人。为什么他们一致地想到来我的卡耐基口才训练班呢？

“我希望能够处理好和同事、领导之间的关系，”洛杉矶的一家化妆品公司的策划经理娜色说，“因为正是这种关系决定了我未来的前途。我希望自己能够取得成功。”

“那么，你认为口才能够帮助你做到这一点？”我问她。

“是的。”她非常肯定地说。

虽然娜色说得有些绝对——导致一个人成功的原因是非常复杂的——但是她的确说出了口才对于那些在职场中的人们的重要性。如果说一个人在职场中成功的20%的因素是他的其他个人才能的话，那么还有80%来自于他口才的贡献。

一般人往往忽视了这一点，尤其是那些职场新人。他们认为，只要能够在工作中发挥出色，就能够使自己在职场中取胜。只有经过一段时间以后，他们才会发现，仅凭自己的知识和技能，而忽视与别人的沟通和合作，是无法完成所有工作的。更加重要的是，在多数情况下，你展现自己的知识和技能的时候，如果对方不能理解你，那么你也不会成功，更不用说在职场中取胜了。

要想在职场中取胜，需要注意以下一些问题。

曾经有来自各行各业的很多学员向我抱怨，说他们拥有相当高的才能，却没有办法取得成功。我知道他们的问题所在。实际上，大部分职场中的人都有一个误解，很大的误解。他们认为，在职场中要成功，要得到更高的薪水和职位，只有一个办法，那就是让自己的工作出色。

事实并非如此。“一切都是人跟人之间的问题。”有一天，史考伯先生很有感慨地对我说道。他的这句话十分有道理，在职场中也是如此。那些职场中的人们有时候会非常惊讶地发现，讲话的方式有时候甚至比讲话的内容更加重要。如果想要领导同意自己的某个计划，不仅需要这个计划很出色，更加重要的是要让他相信这一点；让下属努力工作的方法不是命令他们这么做，而应该是鼓励和建议他们这么做；同事不会因为出色的工作而尊重你，除非你也尊重他们。

威尔逊是美国某连锁店的老板，每周他都会举行一次经理会议。某一年夏天，由于市场疲软，几家店的业绩连续几个星期都在下滑。威尔逊打算批评这些经理，但是，他并不打算直接对他们进行批评，因为这样对公司没有任何好处。所以，在会议一开始的时候，威尔逊极力赞扬了这些经理，肯定了他们为公司做出的巨大贡献——在市场这么疲软的状态下，都只是稍微减少了公司的利润。本来打算为自己辩护的经理们对威尔逊的赞扬十分认同，他们感到自己受到了重视，心情自然就开始好起来，一个个都精神焕发。威尔逊的话音刚落，马上就有一位经理站起来发言。他对自己经营的店面的业绩下滑展开了自我批评，认为自己完全可以做得更好。他向威尔逊表示，他打算在下一阶段推行一些新的政策，力争使业绩能够回升。其他的连锁店经理也纷纷表明了自己的意见和决心。这种热烈的场面是以前从来没有过的。

威尔逊作为连锁店的老板，具有绝对的权威。但是他明白用强迫的方式不一定能够达到自己的目的，因此就用了另外一种说话的方式。事实证明，采用这种方式的确取得了成功。

如果说领导对下属说话应该注意说话的方式，那么下属对领导说话就更加应该注意。下面是一个十分有代表性的例子：

德国一家著名的电器公司在某一年推出了一个新产品。他们准备设计一个出色的商标，并重点把这个新产品推向日本市场。这家公司的总经理设计了一个商标，并自鸣得意。在一次会议上，他提议大家对他设计的商标进行讨论。会议上，这位总经理说："我想，这个商标绝对是非常合适的。它的主题图像是太阳，这使它看起来像日本的国徽。日本人一定会喜欢它的。"看得出来，这是次没有多少实际意义的会议，因为大家似乎都只有一种选择，那就是同意总经理的意见。所以，绝大多数人都极力赞扬这个商标设计得非常出色。但是，一个年轻人——广告部的经理，站了起来说："这个商标并不太合适。"这时候所有人的惊奇的目光都集中在了他的脸上，总经理也露出了惊讶的表情。大家都等着他继续往下说。"它设计得太完美了，"这位年轻的经理不慌不忙地继续说道，"毫无疑问，日本人一定会喜欢这样的商标。但是问题在于，我们的商品并不全部销往日本，也销往其他亚洲国家。他们都会喜欢吗？"这样，他不但给总经理留了面子，而且也巧妙地暗示了这个商标的错误。总经理在会后说，这位经理的话简直是"再高明不过的语言"了。

一般人如果认为自己的意见比领导的好，就会直接向领导提出来。他们满以为领导会接受他们的意见，但是事实往往与他们想象的相反——领导拒绝了他们的意见。于是他们就开始抱怨这个领导过于独断、自私和蛮横。

实际上，每个人都有这些性格特征，只是有没有表现出来而已。当自己的意见被下属否定时，领导一定会产生一种不满意感，觉得很没有面子，从而失去客观的立场。这样一来，他拒绝下属的意见也是顺理成章的了。这位年轻的经理成功地使领导接受了他的意见。为什么他能够成功？因为他采用了正确的表达方式。

而就同事之间而言，说话的方式也很重要。相对于领导和下属之间的关系而言，同事之间有的只是平等的合作。这样，如果你打算请求同事配合你的工作，你没有权力要求别人这么做，所以就应该特别注意说话的方式了。

总之，在职场中注意说话的方式，会使你游刃有余地活跃在这个大舞台上。

<用委婉的方式求得别人的合作和共识。>

与下属沟通要讲艺术

◎态度一定要诚恳。不要以那种高高在上的态度和下属说话，否则你必将收不到很好的沟通效果。当然，你诚恳的态度不是一种妥协和退让，你仍然需要在必要的时候保持领导的权威。记住：过犹不及。

◎尊重你的下属，这是对方尊重你的前提。当然，对方可能会因为你的权威而被迫尊重你，但是这不是好的办法。

如果你是一个领导，那么你就不得不与你的下属——那些职位低于你的人——进行有效的沟通。可以说，沟通艺术是领导艺术中非常重要的一种。一个领导只有掌握了沟通艺术，才能成为一个好的领导。遗憾的是，很多领导与下属之间出现了沟通上的问题，这不仅对个人产生了很不利的影响，而且也阻碍了工作的顺利进行。

该如何有效地和下属进行沟通？我认为应该做到以下这几点：

1. 清晰、明确地下达指令

很多领导喜欢长篇大论，这往往导致在说完某件事情后，下属们完全不明白他想要表达的意思究竟是什么。这是因为领导者在下属的心目中已经建立起了某种权威，他们说的每一个字、每一句话都会作为重要信息传达到下属的大脑里。正因为接受的信息过多，下属忽略了领导想要表达的重要信息。我并不想说这完全是领导者的责任，但是至少他应该承担大部分的责任。

清晰、明确地下达指令，这是对领导者的基本要求。用简洁、有力的话表达你的意思，让它们有效地传达到下属的脑海中去。尽量让你的指令没有歧义，也符合下属能够理解的水平。你考虑的不应该光是你想要表达什么，还应该包括听的人接受了什么。不要让自己的话漫无边际，只有等下属完全明白了你的意思，你才可以这么做——而且你的确不应该长篇大论，因为下属有他们自己的工作要做，他们不是来听你的高谈阔论的。

不要朝令夕改，要让你的指令都是你成熟的想法。许多领导者有许多新奇的想法，他们是高效率的“点子”生产机。他们经常会否定一个小时前的指令，而用新的指令去代替它。这让下属十分头疼，不知道该怎么去做，因为他们往往同时得到几个相互矛盾的指令。

2. 对下属进行有效批评

当下属做错了一件事情，或者没有完成某件事情的时候，领导当然应该对其进行批评和训导。关键在于，你的出发点是想解决问题。

保持平静的态度。不要给下属一种正在被审判的感觉，你需要营造一种平和、认真的沟通气氛。只有在这样的气氛当中，你们才能有效地解决问题。

对事不对人。在你进行批评和训导的时候，应该让他觉得你并不是针对他本人，而是针对具体的事情进行批评的。你应该平静地指出问题之所在，并且以各种方式暗示对方，你的目的只是为了使工作做得更好，而不是图一时之快。

公正地指出下属所犯的错误和应该负的责任。任何一个错误都不会只由某一个人造成，并且，你的下属当然也不希望犯这样的错误。

不要给他一种罪不可恕的感觉，你应该指出他只是造成这个错误的一份子，并且应依照相关的规章制度客观地指出他应该承担的责任。

对其进行鼓励。不要忘记鼓励犯了错误的人，他们可能已经在某种程度上对自己失去了信心，急需别人给予肯定。当然，也不要忘记指导他们对错误进行改正。

3. 随时和下属进行谈心

及时了解下属的想法和意见，是防患于未然的一个重要方法。谈心是一种最直接和最有效的沟通方式。要做到成功地与下属谈心，应该注意以下几点：

（1）确定目标。确立你谈话的具体目标，明确谈话的主题，列出你可能和对方交换、传达的信息，然后安排好谈话的时间和地点——我认为不应该固定时间和地点。

（2）了解下属。彻底了解你谈话的对象。要从下属的角度出发考虑谈话中可能会出现的问题，以及谈话会对他产生的影响。

（3）引导谈话。将谈话引导到你的预定方向上去。当然，你可能也会得到很多意想不到的收获。

4. 让下属服从命令

让下属服从自己的每一个指令，这是领导极希望看到的事情。“拿着大棒轻轻地走路”，这个外交政策在让下属服从你的时候正好适用。在你“轻轻走路”的时候，如果你能够找出别人需要什么，然后告诉对方你能够满足对方，那么你就成功地控制了你的下属。

在这一阶段你可以采取以下3种方式满足对方的需求：

（1）称赞对方。称赞这一古老的方法依旧有效。告诉对方他干得十分出色，你实在很需要他，这样他就会听从你的命令。

（2）让对方明白这一工作对他很有用。了解他的需求，告诉他这项命令正是能够满足他的需求的，这样他就会很自然地为你效命。

（3）给他实际好处。告诉他如果他能够干得出色，就将得到很多实际的好处。这一方法很有用，但是你需要付出点儿东西，而上面两种方式不需要你付出什么。

如果你在第一阶段遭到了失败，不要灰心。不要忘记你是领导，把你的大棒在他面前挥一挥，这样他很可能就会听命于你。不过，你最好尽量少使用这种方法。

5. 巧妙地拒绝下属

当下属向你提出某个你不能满足的要求，或者提出某个你不同意的计划的时候，不要直接地拒绝，你应该学会拒绝的技巧。

对事不对人。让他明白这是公司的制度或者他的计划的确不行，对任何人你都会拒绝的。不过，你最好尽量少以公司的制度来作为借口——如果他的确是那种可以通融的人才，不妨放他一马；如果正好相反，则告诉他你拒绝的理由。

换一种方案。为了使他容易接受，建议他换一种方案。比如，如果他想调整工作时间，但是现在公司却处在紧张的状态下，告诉他如果有同事愿意跟他调换的话，你可以同意他的要求。

拖延时间。这是一种不得已的办法，它可以帮助你暂渡难关。但是一段时间以后，对方还是会旧事重提的。不过，那时候也许你会有更加巧妙的借口。

<设法驾驭你的下属，使他们积极地工作，这是你的最终目的。其他的问题对你来说都可以算是细枝末节。>

指正别人错误的方法

◎在指正别人错误的时候，以不损害对方的自尊心为前提，否则对方会不自觉地对你产生抗拒。这样，你可能收不到任何效果。

◎指正错误的目的是让他接受并改正错误，从而对工作产生积极的态度。因此，所有的做法都应该以此为目标。

我在前面已经说过，不要指责别人的错误。因为这样做的话，别人不但不会承认错误，反而会对你产生反感。当别人做错了事情或者说错了话的时候，你应该怎么做？你应该采用委婉的方式指出来。

在职场中，你仍然需要——而且更加应该——这么做。如果说亲人、朋友犯了错误，你直截了当地指了出来，他可能因为了解你或跟你比较亲密而接受你的意见。

但是在职场中，情况就变得十分复杂。你和对方仅仅是工作上的关系，如果你直截了当地指出了对方的错误，可能会引起你们之间的误会。

我将把在职场中指正别人错误的方法的重点放在领导和下属之间的处理方法上，因为领导和下属之间的关系更加特殊。至于同事之间如何指正错误，则可以参考我前面讲过的内容。

不论你是否承认，领导在职场中都享有权威的地位，更加应该得到别人的尊重。基于这样一个前提，在你指出你的领导或者下属的错误的时候，可以采用以下一些方法：

1. 暗示

暗示法即用一种行为或语言向对方暗示其错误。我在前面也已经说过了暗示在一般人际关系中的运用。这是一种十分常见的方法。

美国一家百货公司的总经理约翰·艾德伦经常喜欢到自己的商场去巡视。一次，他看到一位顾客站在柜台前面看电视机，但是却没有一个服务员过来招呼她。那些服务员很忙吗？不是的，她们正在不远处有说有笑地闲聊，根本没有注意到这位顾客。艾德伦对这种情况十分不满，想要纠正这种不负责任的工作态度，但是他为了保全服务员的面子，所以运用了暗示的技巧。他自己走到那位顾客面前，为她介绍各种电视机的特点。最后，那位顾客买下了一台电视机。艾德伦让服务员把它包好交给顾客，然后一言不发地走了。

艾德伦自始至终都没有批评服务员。但是，这些服务员看到了这些情况，认识到了自己不负责的态度是错误的，所以以后也认真负责起来了。

2. 先说出自己的错误

“我的错误是……”以这样的话开始，对方可能会对你所说的话表示出很大的兴趣。人们似乎更愿意看别人犯了什么错误，而对自己所犯的错误并不关心。

在指正别人的错误之前，先说出自己的错误，这样更加容易掌握谈话的主动权。在心理学上，这实际上是一种平衡心理在起作用。一般的人可能对自己一个人犯错误感到不可接受，如果你提醒他自己也有错误的话，会使他更加容易接受。

3. 提醒

用一种轻描淡写的方式提醒对方犯了错误。在一般的交流之中——由于不是很多——领导说的每一句话，下属都会仔细地聆听；而那些注重下属的领导也会如此。

在说话的过程中，尽量用一种轻描淡写的方式提醒对方犯了错误，这样就给了对方一个反思的空间。“我听人说你最近心情不是很好，因此在工作上出了一些问题。”一位领导在下班后走出公司的时候，对他的下属说。这位下属说：“是的，不过我本不应该把我的情绪带到工作上来的。”如果这位领导非常正式地把下属叫到办公室，对他说同样的话，效果一定会大为不同。

那些聪明的人是不需要对方强调自己的错误的，他们都会从提醒中得到一些重要的信息，而那些并不怎么聪明的人，即使对他们进行了严厉的批评，效果也不会很好。当然，如果对方犯的错误的确很严重，已经或者将要给工作带来很大的麻烦，则应该用严肃和认真的语气提出来。

4. 先赞扬后指正错误

先肯定后否定。虽然这种方法非常老套，但是却十分管用。这实际上也是一种平衡心理的方式。用赞扬拉近你和对方的心理距离，从而创造一个十分和谐和融洽的谈话氛围，这样对方就不容易因为你指正他的错误而对你产生抗拒了。

“你一直干得很出色……”以这样的方式开头，让对方知道自己的错误是一时不慎造成的，而并不是他一直以来都如此。另外，这种方式实际上是告诉了对方你对这件事情的态度：并没有因为这件事情而否定他。

如果是你的领导犯了错误，这种方法仍然管用。我们举过的那个经理否定总经理设计的商标的例子中，那位聪明的经理对总经理说："这个设计太完美了。"谁不喜欢听这样的话呢？

那么接下来，领导自然会顺理成章地接受——只要你解释得合理。

5. 指出正确的做法

这种方法十分高明。在整个谈话的过程中——你甚至可以在许多人参加的会议上这么去做——你并不需要提到对方犯了错误，而只需要直接告诉对方正确的做法是什么，从而让对方拿自己的做法去和正确的做法比较。

"我十分欣赏杰克。他上班从不迟到，对工作也相当认真。"你这么说，对方肯定会知道自己在某些方面没有杰克出色，并且知道了应该怎么做。最好的方法莫过于让对方自己意识到自己犯的错误，并且想方设法地进行改正。

上述列举的方法并不全面，你可以找到适合自己的方法。

<在指正别人的错误时，一定要找对方法。>

如何批评不会引起怨恨

◎克制自己的情绪。冲动不能解决问题，只会带来更加不利的影响。

◎保持客观的评判标准。不要把全部的责任都推到对方身上，客观地分析错误产生的原因、经过和影响。

◎用事实说话。不要加入自己的主观评论，事实是最有说服力的。不要因为一个错误否定一个人。

对一个领导者来说，如果没有掌握一定的技巧，即使你对工作十分认真负责，也仍然不是一个称职的领导。

好心做坏事是让很多领导都十分尴尬的事情，在批评下属的时候尤其可能如此。我们都不怀疑他们的出发点是好的：希望指出下属的错误，帮助下属改正错误，使其以一种更加积极的状态投入到工作当中……但是，他们也的确常常让批评发挥了截然不同的作用，那就是不利于工作。对个人而言，领导者则常常因为批评而为自己招来了怨恨。

如何批评而不引起下属的怨恨？经常有人问起这个问题。答案就是，要掌握批评的艺术。具体来说，大体应该注意以下几点：

1. 不要轻易批评别人

不要让在下属面前拿出高高在上的气势成为你的习惯。他们都知道你的身份，你没有必要去证明这一点。不要动不动就以训话和批评别人为乐，这样只会损害你的权威。

可能他犯的是一个小小的错误，甚至只是你认为他犯了错——实际上，他完全有可能并没有错，只是意见有所不同罢了。因此，在批评下属之前，最好审慎地判断他是否真的做错了。另外，如果你把注意力集中在小错上，那么势必分散你在大的错误、大的事情上的注意力。

即使下属犯了比较严重的错误，在对他进行批评的时候，也需要用一种更加有技巧的方式。你必须考虑你的批评可能导致的结果，不要让批评产生负面效应，不然就会得不偿失了。

2. 控制自己的情绪

许多领导过于意气用事，使用责骂、侮辱、拍桌子的方式对犯错误的下属进行批评，这正是让批评产生不良后果的罪魁祸首。这样做只会使批评成为领导者自己情绪的宣泄途径，而不利于问题的解决，甚至会产生更坏的影响。

当你的下属做了一件十分愚蠢的事情的时候，不要过于激动，不要冲着他大喊大叫。过于激动只会使你失去理智，做出自己意想不到的事情。你的本意是想冲他发一顿脾气，还是想用这种方式来给他压力，使他对自己所犯下的错误印象深刻？

你应该保持领导应有的涵养和风度，和对方冷静地谈一谈。既然错误已经发生了，必须有承认它的勇气。现在最重要的事情是进行挽救，并且使新的错误不再发生。如果你认为对方已经无可救药，你应该告诉他应该承担的责任，然后把他开除或者扣他的工资。

3. 做到实事求是

批评要以理服人，而不是用权威或者用声音来压倒别人。客观地看待下属犯下的错误，是解决问题的第一步。不要夸大或缩小对方犯下的错误，这不利于事情的解决。

很少有人因为对方气势高过自己而被对方说服。他可能点头表示你说得很有道理，不跟你争辩，但是这并不代表你已经说服了他。

实事求是地看待下属所犯的错误及其所造成的后果。要让事实说话，而不要加入自己主观的评论。帮助他客观地分析问题产生的原因和解决的办法。要知道，你们的最终目的是使工作顺利有效地开展。

4. 给对方说话的机会

每个人的立场、经验和价值观都不相同，所以会产生许多截然不同的看法。听听对方的解释，也许他会给你一种新的解释，而这种解释会更加合理，他还有可能给你带来不同的信息。因此，不要剥夺对方说话的权利。

5. 对事不对人

不要因为一个错误就轻易地否定你的下属，这只是一个错误而已，而且很多错误并不只是人的能力较低所造成的。千万不要说“你总是……”这样的话，更加不要说他无能，这样会造成你在针对他的感觉，从而使他无法客观地面对自己所犯的错误。而且，他会产生一种抗拒的心理，想方设法为自己的错误找借口，而不是承认自己的错误。

很多公司的职员并不在乎自己的工作。如果他们认为自己的能力很强，而你针对的又是他们，他们可能会提出辞职。这样，损失的是公司的利益。

6. 把批评和赞美结合起来

一些成功的企业家提倡一种“三明治”的批评方法，也就是在对别人提出批评的时候，先找出对方的长处进行赞美，然后力图使谈话在一种平和的氛围中进行，最后以赞美对方某一个优点结束。事实证明，这种批评方法十分有效。

最近亨利·哈特手下有一个工人的工作成绩大不如前，哈利并没有拿出自己的老板架子来，告诉他应该更加努力些，或者干脆把他辞掉。哈利当然可以这么做，但是这样会浪费一个人才。哈特究竟是怎么做的呢？

哈特把这位工人请到了办公室，但是并没有责骂他，而是非常真诚地对他说：“比尔，你是一名很优秀的技工。实际上，在我们公司，像你这么优秀的职员已经不多了。你在这条生产线上已经工作好几年了，你所修的车辆得到了很多顾客的称赞。当然，最近你可能因为工作太忙了，或者别的什么原因，因此做同一件事情，你需要的工作时间比以前长了一些。我知道，这只是暂时的，你一定会想办法解决这个问题的，是吗?”比尔告诉哈特说，他最近家里发生了一点小事故，使他不能专心致志地工作，但是他保证会尽快处理好这些事情。果然，第二天，比尔的工作效率又和以前一样高了。

受到赞美后，我们会更容易接受批评，这是人们的通性。因此，在你对犯错误的下属进行批评之前，应该适当地对他的优点进行赞美。另外，人们在犯错误后，容易变得不自信，比如怀疑自己的工作能力，从而降低工作的积极性。从这个意义上说，犯错误的人更加需要别人的肯定。因此，只有赞美他们，才能帮助他们战胜错误给他们带来的不利影响。

<给对方说话的机会。不容分说地批评容易招致反感，甚至是怨恨。>

没有人喜欢受指使

◎没有人喜欢受人指使，你的下属也是如此。因此，不要用命令的语气指使他去做某件事情。

◎指使他人的结果是，他不会很好地完成你的指令，因为他是被迫做这件事情的。

我在前面已经说过：没有人喜欢受人指使。在职场中当然也是如此。不用说同事之间，即使是在上司和下属之间，也没有下属喜欢听上司的命令。

有一个例子很好地证明了这一点。卡耐基口才训练班有一名女学员道娜，她是一家公司的经理助理。一天，公司来了一位客人，由新上任的经理接待。道娜像往常一样，正打算去给那位客人倒水，但是经理突然对她说：“你去倒杯水。”道娜却随口接道：“我想去一下洗手间。”

这或许也说明了其他的一些问题，但是关键在于，道娜像大多数人一样不喜欢受人指使。当然，一般的人在她遇到的那种情况下，或许不会下意识地找借口去推辞这种指使，但是即使接受了，他们也会很不乐意地去做这件事情。不错，经理确实有权力指使她去做某一件事情，但是却不能使她乐意去做。我们知道，只有当人们主动去做某一件事情的时候，才能把它做好。

遗憾的是，很多领导都很喜欢指使下属做这做那，他们似乎想要用这种方式去体现自己作为领导的权威。我曾经做过一个调查，发现有一半以上的领导者都这么做，而且没有意识到这么做有什么不对。

这可以称作“办公室的暴力事件”。毫不夸张地说，这种暴力事件天天都在发生——不在这里就在那里，不在你身上就在他身上。暴力事件的后果如何？当然，下属们迫于压力会去做那些事情，但是却不会把它们做好。那些聪明的领导者都知道如何避免这种暴力事件的发生，从而调动下属的积极性，

为了完成本书的写作，我曾经很幸运地邀请到了美国著名的传记作家伊塔·泰贝尔女士共进午餐，希望她能给我一些帮助。当我对她说完本书的写作计划时，她的确给了我许多有用的指导。其中，她告诉了我她在写作杨·欧文传记的时候的一些事情。她曾经采访了和欧文先生同在一个办公室达 3 年之久的一位同事。这位同事说，在这些年里，他从没有听到欧文先生向别人直接下过命令。欧文先生非常

注意措辞，他的所有语气听起来都像是在给别人提建议。比如，他从不说“你应该这么去做”“你立即去做这件事情”，而是说“你认为如何”“最好是现在去做”或“你有别的什么办法吗”之类。

当他向助手口述完一封信之后，他通常会问：“你觉得如何？”而当助手写完信之后，他会说：“我觉得这样也许更好一些。”他总是给别人空间，让他们自己去做事，而不是告诉他们该怎么做。因为他认为，这样他们更能够吸取教训——如果他们失败了的话。

伊文·麦克唐纳经营着一家生产一种非常精密的机器零件的小工厂。有一次，他们接到了一个订单，但是由于订单要求的数量巨大，他们在短期内无法生产出来，况且其他工作已经进行了规划。所以他的心里一点儿把握也没有。但是，他又不希望失去这个订单。一般的做法是，他可以告诉员工，因为有紧急的任务，所以必须拼命地加班。但是麦克唐纳不是这么做的。他召集了全厂的员工，向大家介绍了订单的情况，并且说明了完成这个任务的重要意义。说完这些话之后，麦克唐纳对大家说：“各位有没有信心去完成这个订单？”工人们一致地认为，应该接受这个订单。大家踊跃地发表意见、提出建议，有的工人甚至提出愿意昼夜加班来完成这个任务。结果是，他们接下了订单，并且按时完成了任务。

麦克唐纳的高明之处在于，他能够把这个命令变成一个问题，从而使工人们感觉受到了尊重，并且认识到这个订单的重要性，而让他们自己拿主意，则彻底地发挥了他们的积极性。我们可以想象一下，如果麦克唐纳换了一种方式，即用命令去要求他的工人们这么做，会取得什么效果？也许那些工人会同意加班，但是却一定是不乐意这么去做的，这样势必影响他们工作的积极性。这样一来，他们的任务也一定是完不成的。

没有人喜欢受人指使——认识到这一点，对一个领导者来说极为重要。当你需要下属去做一件事的时候，你可以像欧文和麦克唐纳一样，运用一定的技巧。实际上，我在前面已经谈及这样的问题，现在我针对职场的特殊性，给你们一些建议：

用建议代替指使。以一种建议的方式提出来，就像欧文那样。比如"我认为这样做是最好的"，"我希望能够在下次开会之前拿到这份稿件"。

用请求代替指使。用一种请求的口吻代替命令。告诉他们你只有得到他们的帮助，才能完成此事。这会让他们认为自己很重要，从而非常高兴地执行你的命令。

用商量代替指使。把你的命令作为问题提出来。比如，你希望有人去购买一批商品，你可以说"我们需要有人去市场购买一批化妆品样品"，相信有人会主动请缨的。

用赞美代替指使。对你的下属进行赞美，给他一个美名，他会为了维护这个美名而努力的。

<使用各种有效的技巧去代替指使，重要的是要使为你做事的人得到你的尊重。>

如何激励别人走向成功

◎针对别人的优点进行赞美，这是最直接、最有效的方法。

◎激起别人的竞争意识，这会调动起他的积极性和热情。

我曾经看到过许多濒临破产的企业，他们的员工都是懒洋洋的，没有一点儿工作热情。我并不想讨论企业的濒临破产是不是他们这么消极导致的，但是我敢说，如果能够激发他们的热情的话，这些企业中90%都可以起死回生。

我并没有高估这种威力，有很多人也是这么认为的。近来，越来越多的企业家热衷于领导艺术的研究了。他们开始致力于研究这样一种方法，即如何使员工发挥出自己的潜能，从而走向事业的成功。他们发现，只有激发员工的这种工作热情，企业才能走向成功。

我发现，激励别人走向成功的方法大致有以下三点：

1. 赞美

赞美是激起员工积极性的一个非常直接、有效的方法。安德鲁·卡内基非常善于运用这个方法去激励他的下属。他的下属之一、造船厂的总经理修韦伯曾经这么描述过他："公司里的重要人物、那些能干的人，基本上都是因为他的称赞而成功的。在我见过的大人物（其中包括不少优秀的企业家）中，他是最擅长使用称赞而使人获得进步的。这种方法的确很有效，正是它成就了很多人的事业。它也是卡内基先生获得成功的一个重要原因。"

修韦伯本人也是自己描述的人之一，他学到了一些赞美的方法。作为一个造船厂经理，他的职员的工作热情几乎都非常惊人。在卡莫狄的工厂中，一项工作纪录才刚刚产生，马上就被另一项纪录打破了。

比如，在建造塔卡特号轮船的时候，他们只用了27天就完成了任务，这又是一项新的纪录。修韦伯和所有员工举行了一次庆祝大会。他作了一番赞美他们的演讲，并且送给每一个职工一枚银质奖章和一份威尔逊总统贺信的复印件，他还送给船厂每一位质量管理员一块金表。

2. 挑起竞争意识

挑起员工的竞争意识，这是激起他们积极性的又一个绝好的办法。

一天，查尔斯·史考伯在下班时，被一位分厂厂长拦住了。他对史考伯说："我不知道这是怎么回事。我用了各种办法去激励我们厂的员工，但是他们却总是不能完成生产任务。"

"我很奇怪，"史考伯说，"你是一个能干的领导者，竟然也不能使他们热情地工作？"

"确实，"那位厂长哭丧着脸说，"我已经用了能想到的所有办法。我苦口婆心地引导他们、激励他们，甚至威胁和责骂他们，可是他们却无动于衷。"

于是，史考伯跟那位厂长一起去了工厂，当时正是他们厂白班和夜班的交替时间。史考伯拦住一位正准备下班的员工，问他说："你们今天生产了多少台机器？"

"6 台。"那位员工回答说。

史考伯点了点头，向厂长要了一支粉笔，然后在地板上写了一个大大的"6"字，什么也没说，就一声不响地离开了。那些上夜班的工人看到地板上的字很奇怪，于是就问那些上白班的人是怎么回事。

"刚才，史考伯先生来过了，"上白班的人回答道，"他问我们生产了多少台机器，然后就在地板上写下了这个字。"

当第二天史考伯再次到来的时候，地板上的字已经被上夜班的人擦掉，改成了一个大大的"7"字。史考伯满意地笑了，然后又一声不响地离开了。那些上白班的人来的时候，看到这个"7"字，感到这好像是在说上夜班的人比他们强。他们当然不甘示弱，于是他们加紧工作。到下班的时候，他们得意地在地板上写了一个“10”字。而结果是，到了月底，他们超额完成了生产任务。

我们看到，史考伯先生在整个过程中，从没有对那些员工说过要努力工作，但是他究竟使用了什么样的魔法，使他们积极主动地工作呢？很简单，他激起了员工的一个十分重要的竞争意识，就是那种相互超越的欲望。事实证明，这种欲望的力量是强大的。

3. 给别人一个美名

每个人都有一个理想化的自己，而这个理想化的自己拥有几乎所有的美德。莎士比亚曾经说过：“如果你希望拥有一种美德，不妨先假定你已经拥有了它。”看来，如果你给了对方一个美名，那么他会竭尽全力去做到这一点。

我的朋友钦特夫人最近雇用了一个女佣，并告诉她星期一上班。然后，钦特夫人打电话询问这位女佣以前的情况，她以前的雇主说她的表现不是那么让人满意。

但是要换人已经是不可能的了，因为钦特夫人已经雇了她。于是钦特夫人想了一个办法，即通过给她一个美名来使这个女佣得以改变。

星期一的时候，女佣准时到达。钦特夫人对她说：“我昨天打了电话给你以前的雇主。她告诉我，你是一个诚实、勤劳的女孩；你的菜做得很好，而且很会照顾孩子。她说你唯一的缺点就是做事有点儿随便，屋子收拾得不是很干净。不过，我并不相信她说的话。因为你穿得十分干净和整洁，怎么可能不爱干净呢？”

这段话改变了这个女佣。她和钦特夫人相处得很好。这个本来不爱干净的女佣，为了维护自己的美名，每天勤快地打扫，不惜多花费几个小时。

＜给别人某个你希望他拥有的美德或性格的美名，他将竭尽全力去达到这个目标。＞

加强团队工作的 10 条建议

◎首先应该找到一个自我和团队的结合点，这种结合点可以帮助我们解除思想上的包袱。

◎自觉地成为团队的主人，对自己在团队中的表现负责，积极主动地配合和帮助其他成员的工作，对集体的事务保持热情。

◎对团队目标保持高度的热情，保持昂扬的工作精神。

现在，越来越多的人聚在一起，成为工作的团队。在这样的团队里，每一个人各有分工、各司其职，最大限度地保证了每个人的充分发展和整体目标的有效实现。

无疑，团队的力量是巨大的。两个人组合在一起所形成的团队的作用将远远超过两个人的作用的总和，多数亦然。

但是，形成一个好的团队必须有一个前提，那就是保证成员间的协调和沟通。可以说，没有很好的沟通的团队，不是一个好团队。我将就加强团队建设给你提供 10 条有关团队内经验交流的建议——不管你是这个团队的领导者还是只是一个成员，我相信这些建议对你都有用处。

1. 明确团队目标

有一句激励人的话说：心有多高，成就就会有多高。这句话说明了目标对于一个人的成功的重要性。不仅对一个人是如此，对一个团队来说，目标也是至关重要的。

首先必须明确团队的目标，这是一个团队之所以存在的基本因素之一。目标可以为团队提供很强大的凝聚力，使团队所有成员都朝着这个目标努力，而这种向心力对团队发挥着重要作用。因此，应该首先为自己的团队设立一个目标，不论是长期的还是短期的。

在行动的过程中，不断提醒自己团队的目标，使目标能够深入到成员的心中。如果行动能够和目标达成一种合作，这种合作的力量将是巨大的。

2. 团队中的新来者

对于一个刚刚加入新的团队的人来说，你要准备好进入一种身不由己的境地。你的个性可能将要暂时消失在团队之中，你的个人表现可能会因为团队的任务而改变；那里可能有你并不喜欢的人，也有你不愿意承担的角色；你的意见可能得不到认同，甚至你的利益也可能会被忽视。这些都是新来的你要学好的第一课。

另一方面，那些团队中的成员应该意识到，新来者需要一段时间的适应。他们的经验明显不足，他们对一切事情都感到很新奇，并且经常有问题冒出来，那么你应该对他们的到来表示欢迎，并且尽自己的可能为他们解答。

3. 集合大家的意见

作为领导者，当然可以更加权威性地发表意见，但是最好逐一分析别人和自己的建议，淘汰那些明显不能实行的或者糟糕的建议，并尽量把所有的建议的优点都集合起来，使最后形成的决议臻于完善。

你们所应该采纳的建议当然应该是最有利于实现目标的，但是实际上这个笼统的判断标准经常发挥不了作用。因此，如果出现一种无法达成一致意见的局面的话，就应采取少数服从多数的方法进行决策。

4. 维持秩序

当遇到意外情况的时候，团队可能会显得一片混乱。这种混乱会严重地阻碍团队工作的顺利进行，直接影响到目标的实现。因此，必须用纪律或者权威去维持团队的秩序，使成员的情绪稳定下来，进而使团队朝着正确的方向前进。

在开会的时候也是这样，乱哄哄的局面不利于形成一个好的决议。在这种时候，也要善于用一种恰当的方法维持秩序。否则，这样的会议开上一个月也讨论不出任何结果，尤其是提倡民主表决的团队会议。

5. 保持高涨的士气

那些擅长于领导术的企业家都十分懂得使员工保持高涨的士气的重要性，它绝不亚于对员工的学历、知识和智力的要求。一个企业实际上是一个大的团队，而在这个大的团队里有更小的团队。保持高涨的士气在任何情况下都是十分重要的，即使对个人也是如此。因此，每个团队成员都应该保持高涨的士气。

对领导者来说，少批评、多鼓励，能够更加有效地提高团队士气。我们从没有看到过一个被严厉批评的团队非常亢奋，而被鼓励的团队则经常出现这种情形。这种情形即使是毫不相干的外人都会受到感染。

当然，还有更多的提高团队士气的方法，这些方法我在前面也略有提及。

6. 使信息流通

在一个团队中，保持信息在成员之间流通是至关重要的。所有的问题都来自于信息，所有解决问题的办法同样来自于信息。只有成员有接触到所有信息的可能性，才能做出正确的决策。

确保每一位成员都在信息流通路径之中。谁都有可能较一般人更早地发现问题，或者更好地解决问题，前提是他掌握信息。

7. 请求别人的帮助

团队工作的一个好处是，并不是每一件事情每一个成员都要参与。这是由团队的分工合作带来的好处。这意味着如果你的工作出了问题，那么会带来一系列的反应；这同时也说明，当你的工作出了问题的时候，不会带来致命性的后果，因为你只是团队工作中的一个环节。虽然你干的工作可能是独一无二的，但是如果你需要，还是有很多资源可以帮到你。

不要把要求别人的帮助想象成愚蠢的行为。事实上，团队中的任何一个成员都在帮助别人，同时也在得到别人的帮助。在一个团队中，任何成员得不到别人的帮助都是无法想象的。

8. 给出恰当的反馈

当别的成员提供了某种信息的时候，你应该给出恰当的反馈。这不仅是一种礼貌的行为，事实上你也应该这么做。因为他提供的信息，即使不跟你的工作直接有关，至少也关系到整个目标的实现。

仔细倾听对方说话，抓准他说话的真正意思。只有当你了解他的信息的真正含义的时候，你才能判断这个信息的价值究竟有多大。然后，根据你的思考，给予对方你的意见或建议，跟他一起就这个问题进行探讨。

9. 用事实说话

有心理学家批评团队是没有理性的。理性意味着从事实出发来考虑问题。的确，对一个团队而言，领导者几句鼓动性的话，比进行理性的思考更加能够使它采取行动，即使领导的鼓动根本不符合事实。

也就是说，当团队成员在思考如何实现团队目标的时候，应该用事实说话、用自己的理性进行思考，而不是轻信他人。

10. 举办集体活动

为了加强团队的向心力，使每一个团队成员都能够有一种集体感，团队需要举办一些集体活动。这当然并不与团队工作直接相关，但是作用也很大。

集体活动包括集体会议、协调活动及纯粹的集体娱乐和休闲。每一个团队成员都应该积极地参与这样的活动。这不仅能说明你的确热爱你的团队，而且能让你这种情感通过参加活动而得到加强。

<理智、全面、客观地看待问题，尽量做到集思广益。>

和领导交流是一门学问

◎正确地对你自己进行定位。你必须保持对领导的相当程度的尊敬，同时也应保持自己人格的独立。

◎在跟上司说话的时候，要尽量保持谦逊、尊敬的态度，而不要妄图扮演更高的角色。

如果你认为勤奋苦干就能让你在职场一帆风顺，那么你就想错了。职场是一个十分复杂的地方，并不是全部由才干和能力来决定你的前途和方向的。在这里，你的个人需求和公司的需求必须有一个恰当的结合点，你的个人爱好和工作性质可能会发生冲突……听起来让人比较沮丧的一个事实是，在某种程度上，你在职场的前途是由你的领导决定的，因此你必须得让他觉得满意，或许有些事情可能要询问同事的意见，但不管如何，你的升迁或加薪等事情最终还是由他说了算的。

因此，如果你身处职场，就要学会恰到好处地跟领导交流。我给你的建议如下：

1. 主动地与领导交流

你不一定要等到领导召唤的时候才走进他的办公室。如果你有一个工作上的意见或建议，你可以去敲他的门。我还没有见过哪位领导的办公室是不让下属进的，一般而言，他们是欢迎你的。

主动地与领导交流能够使你给领导一个非常好的印象，因为这代表你在用心工作——用心工作我并不反对，但是关键是要让领导知道这一点。另外，了解所有下属是领导需要掌握的一种信息和基本的工作任务，因此即使你不找他，他也会主动找你谈的。

2. 不卑不亢的态度

领导对身处职场中的人来说的确非常重要。我在前面已经说过，他们对你的升迁和加薪等问题具有决定性的作用（即使不是你的直接领导，也或多或少具有一定的影响力）。

另外，他们的确在某些方面比你更加出色，在工作和事务上，他们也扮演着更加重要的角色。在这个意义上说，我们必须对他们保持相当的尊敬。

但是这绝不意味着你很卑微，因为在人格上，你们是平等的。传统的那种对领导一味地奉承和附和已经没有多大的意义，你并不会因此给领导留下深刻的印象。

现在的领导都相信，自己需要的是那种有见识并且诚实可靠的下属。随声附和除了能够满足他们的虚荣心之外，对他们没有任何意义。因此，你需要勇敢地表达自己的观点。

要游走于尊敬和独立之间，做到这一点的确很难。但是如果你想在职场中取胜，也只有做到这一点。另外，你可以把做到这一点当作是一次挑战。

3. 合适的表达技巧

注意你和领导说话的方式。你应该做到语气适当、措辞委婉；你应该继续保持那种尊敬和独立之间的平衡，在表达的时候要特别注意这一点。另外，为了不浪费领导宝贵的时间和展现自己的语言表达技巧，你都应该言词简短——当然是要以把你的意思表达清楚为前提。

注意一些说话的禁忌。选用那些合适的词语，不要使用和你的地位不相称的词语。这些词语包括“您辛苦了”“我很感动”“随便都行”等，它们会让你看起来更加像领导。

4. 正确对待批评和指正

所谓的“正确对待批评和指正”是指，对领导所说的话，接受正确的部分，拒绝错误的部分。

领导有责任、有资格对我们进行必要的批评和指正，这样才能使我们不断地进步。他们比我们拥有更多的学识和经验，看问题也更加全面和深入，角度也更新。因此，我们不应该因为受到批评而羞愧，甚至怨恨；我们应该很高兴才对，因为我们又可以纠正自己的一个错误了。

当意识到领导的观点有错误的时候，一般的人都会对自己的观点产生怀疑——这种怀疑是十分必要的，关键是不能因为怀疑而轻易地否定自己的观点。还有一部分人经过怀疑后确认自己的观点是正确的，但是却不作任何反应，就好像领导的话是金科玉律一样。

领导怎么可能没有错误呢？他们只是比我们少一些错误罢了。一种观点是，我们好不容易发现了领导的错误，因此不应该错过表现自己的机会。但我更加喜欢换一种方式理解，即认为这是对工作的一种认真态度。做任何事情都要尽自己所能把它做到最好，而不是采取马马虎虎的应付态度。

当然，向领导提出我们发现的问题也不是一件十分简单的事情。虽然我们一再强调领导应该宽容、大度和理性，但是现实生活却是另一番情景。他们往往在做事的时候并不那么理性，甚至比我们还偏激。

因此，我们应该采用一种既符合我们的身份又可以被他接受的方式去提出我们发现的错误，并且说出自己不能接受的理由。当然，在任何时候，我们都应该以理服人。

千万不要当面顶撞领导，这会给领导和你自己都带来伤害。那些莽撞的，自认为有才识、有能力的下属常常以顶撞领导为乐，因为这好像能说明他的确很有才能和与众不同。也许的确如此，但是他们这样表现出来并不是很高明。

1. 提建议

如果你的领导对你说："有自己的想法是好的。"在一般情况下，这不是客套话。一般的领导都喜欢有想法的下属，他们似乎更喜欢那些新奇的玩意儿。千万不要忘记，正是这些东西能够给他们带来好处。

因此，向领导提工作意见，是博取领导好感的一个很有效的方法——当然，其实际内容也应很不错。不过，在此之前你必须先做一些事情。首先，你应该对自己的意见或建议有十分成熟的思考，而不是仓促之间形成的一个灵感的闪现。如果是一个建议，你最好不仅告诉他你的建议是什么，还要告诉他为什么要这样以及应该怎么做——有时候，一个点子的可执行性恰好是决定它的好坏的关键。其次，摸清你的领导的工作习惯，把握好交流的时机。当然，你不能在领导会见客人或者通电话的时候去见他，尽量不要在他专心思考某个问题的时候去打扰他。

不要表露“我比你聪明”之类的想法。这种想法本身就不是事实，也没有任何好处。它对你来说是致命的错误，因为这说明，你向领导提建议的本意只是为了表明自己更加优秀而已，而不是为了工作本身。

2. 提要求

为了谋求更高的职位和薪水或者更好的工作环境，你可能需要向领导提一些要求。一般来说，领导对提出要求的下属的态度是：理解，但也十分为难。领导感到很为难的原因很复杂，其中有一些原因与下属无关，另外一些原因则与下属有关。为了使自己的要求更加容易被领导接受，你需要注意一些提要求的技巧：

不要提过高的或不切实际的要求。领导不但无法满足你那些要求，而且会因此对你产生反感。它很容易使你和领导的关系变得很糟糕。

注意你的措辞。不管你认为你的要求有多么合理，都要尽量用商量的语气跟领导说话。不要让领导觉得自己受到了威胁，或者被命令满足你的要求。他会不自觉地拒绝你的要求，即使没有太多的理由。

注意和你的领导保持沟通，不论是工作上的事情，还是你个人对公司的一些想法。但是千万不要在领导面前说别的同事的坏话。

<身处职场，要学会恰到好处地跟领导交流。>

与同事交流的技巧

◎与同事和谐地相处，能够使你的工作更加顺利地开展，并且能使你愉快地工作。

◎对每个同事都要尊重。只有对别人尊重，别人才会对你尊重。

◎不要急于表现自己，不要话说得太多或过于自大，这样会使你和同事之间产生距离。

在职场中的人们有时候会感到很累——自己不喜欢的应酬太多，或者不得不跟那些自己不太喜欢的人一起工作。的确，你可能没有更好的选择。但是，职场也未必像你所想的那样只是让人悲观，关键是要看你如何看待。

关于如何与同事交流，我给你的建议如下：

1. 端正你的态度

除了亲人之外，最经常见到的人恐怕就是同事了。一般而言，同事和你仅限于工作上的合作关系（当然，你们可能成为朋友，但大部分同事的确如此）。但是，如果你愿意，你可以从同事那里学到很多有用的东西，就好像你从朋友身上学到的一样。

不论你对你的同事多么喜欢或者讨厌，在跟他们交谈的时候，你都要首先尊重和体谅对方。每个人都有自己的优点和缺点，他们会给我们提供很多工作上的经验和知识。但是如果在你们之间划出一道鸿沟，你就失去了很多提高的机会。

2. 少说话，多倾听

不要在办公室里叽叽喳喳地说个不停，这里不是表现你演讲才华的地方。许多人急着想要别人了解自己，话说得太多了。你应该把你的主要精力放在观察和学习上而不是表现自己上。只有向你的同事请教工作上的问题，才会使你自己得到提高；否则，你就将落后于他人。

仔细地倾听同事所说的话，不要因为对方说的话不重要或者没有水平就心不在焉，尽量发现对方说话中的积极因素。任何人都有可能成为你以后的合作伙伴、好朋友，甚至是顶头上司。

3. 多赞美同事

不论是同事穿了一件漂亮的衬衫，还是工作干得出色，你都可以赞美他。不要吝惜赞美你的同事，因为赞美是最直接、最有效的使他对你产生好感的方式之一。当然，你不能毫无原则地赞美他，否则会给人一种不真诚的印象。

4. 适当地运用幽默

为了活跃工作气氛，办公室里可能需要一些欢声笑语。你的一两句幽默话可能会起到这样的功效，也可以展示你的才华和个性，但是你必须注意掌握开玩笑的分寸。

注意开玩笑的场合。在专心工作的时间内，最好不要突然来一句幽默。这样不但违反纪律，而且会影响工作。

开玩笑要适度。不要把玩笑开得过火，否则势必会给你和同事带来不利的影响。

分清对象。对不同的同事，应该有不同的对待。

不要把开黄腔当作幽默。成年男人经常喜欢说一些黄色笑话，在同性中尚可以原谅，但是如果有异性在场，那么黄腔儿一般是不应该开的。

5. 巧妙地拒绝

同事之间难免有工作上或者生活上的事情需要相互帮忙，但是有些时候你不得不拒绝对方的请求，这是让人为难的地方。

拒绝同事必须以维持你们之间的关系为前提。当你的同事打算请你办一件事情的时候，你可以告诉他你还有一些重要的事情要做，等把这些事情做完了，你才能帮他做这件事情。摆出你拒绝的原因，对方一定会理解你的。关于具体的拒绝的办法，可以参看我前面相关章节的内容。

6. 交流的忌讳

不要刺探别人的隐私。人人都以了解别人的隐私为乐，却不希望别人了解自己的隐私。因此，为了不引起别人的反感和警惕，千万不要打听别人的隐私。

不要在同事面前说上司的坏话，不要随便交心。你的有些似乎是开玩笑说出来的话被你的同事听到后，一部分人可能会把你当作他的垫脚石。你不能不防这一点。

不要命令别人。我在前面已经说过，不论是在经验、学识还是在地位方面，你都没有资格去命令你的同事。如果你想得到别人的帮助，只有使用别的方法。

不要过于张扬。不要在同事面前显得自己多么与众不同。实际上，每个人都会认为自己与众不同。因此，保持低调、谦虚的态度，只有这样才会使你得到同事的认同。

<注意一些交流的误区，不要使你陷入这些误区之中。>

第四章

赢得异性的两性语言

如何赢得异性的喜爱

◎尊重性别差异，这是异性交往的前提。在同异性的交往中，要时刻记住这一点。

◎找到合适的话题进行交谈。要尽量找对方感兴趣的话题，而不是你喜欢谈论的话题。

◎不要吝惜赞美对方，这是你赢得异性好感的最直接的方式。

◎保持一定的神秘感，不要像对同性那样把自己的想法和特点全部表露出来，这会更加便于你赢得对方的好感。

亲朋好友是我们情感世界的重要组成部分，正是他们给了我们幸福。他们在我们困难的时候鼓励我们，快乐的时候和我们一起分享，悲伤的时候和我们一起分担。因此，每个人都希望自己的情感世界很和谐，因为这的确很让自己感到幸福。

不幸的是，即使这种愿望很强烈，现实也并不总能如愿。我们经常看到的是，朋友间产生误解，以致变成了敌人；无数的婚姻破裂，惨淡收场；家庭生活也不像自己希望的那样美满。人们都在问：为什么会这样？

问题出在你们自己身上。或许不是你一个人的责任，但是失败的、不和谐的情感世界的形成的确有你的“贡献”。而像其他人与人之间产生的问题一样，根本的原因可能在于，你们没有实现有效沟通。

在我们这个时代，人们眼中的有才华的人，往往首先是一个善于表达的人。如果你只是在同性面前善于表达，从而赢得了同性的喜爱，那还只是成功了一半，因此你必须想办法赢得异性的喜爱。

但是，如果你是一位男士，你可能经常遇到这样的情形：当你在和男士谈话的时候，你可以轻易地做到口若悬河、滔滔不绝；当对面坐着一位漂亮、可爱的女士的时候，你可能就会呆若木鸡，连一句完整的话也说不上来。

异性交往有着无穷的乐趣。在异性面前，每个人都希望自己能够像平时一样伶牙俐齿、妙语连珠。但是也许正因为这种表现的欲望过于强烈，每个人在与异性交谈时都或多或少地存在紧张感。其实，只要掌握一些基本的原则，要做到成功地与异性交谈、赢得异性的喜爱，就可以变得十分轻松。

1. 礼貌有节

任何社交场合都需要一定的礼仪，异性交往尤其如此。众所周知，男性和女性的性格是各不相同的，男性偏向于坦诚、直率，而女性则委婉、含蓄。在此基础上，礼貌主要表现在尊重各自的差异方面，而这也构成了异性交往的前提。

俄罗斯有一句谚语：男人靠眼睛来爱，女人靠耳朵来爱。这句话对我们的启示是，男人往往更加重视视觉效果，而女性则对动听的语言更加注意。在与男性的交谈中，任何一个不雅的举动都可能会被他收入眼底，而在与女性的交谈中，我们的任何一句令人不悦的词句都会被她装进耳朵。

另外，性别对于接受是有影响的。同样的一句话，对不同性别的人讲，可能意味着不同的意思。一般来说，男性能承受比较直率、干脆、粗放的话语，而女性则更加喜欢委婉、轻柔、细腻的话语。

因此，考虑到性别差异，你就不能把一些同男性说的话同样地诉说于女性，这样会冒犯对方的。

比如，对于陌生的或者不太熟悉的女性，不应该问及她的年龄，也不应该贸然地问她的家庭情况，因为这都会被认为很冒失、没有礼貌。而同样的问题如果问及男性，这样的不佳效果就不会产生。对男性说的话可以粗放、豪爽一些，甚至带一点骂辞也无关紧要——当然要在非正式场合。但是对女性却不能说同样的话。特别是开玩笑时更应该注意程度和对象。

2. 话语投机

如果注意观察，我们可以发现这样一种情况：男性交谈的话题往往是较公开性的，比如社会、时事、政治等；女性交谈的话题往往是较私人性的，比如服装、孩子、家庭等。注意到这个区别，对我们寻找合适的话题有很大的帮助。

有这样一对情人：男孩先是喋喋不休地谈论公司的事，然后又兴致勃勃地谈论起国家大事；而女孩却在旁边心不在焉，只是因为不忍心打断男孩的谈话，所以不得不一直装作对他所谈论的东西很感兴趣。这样，本来是关系十分亲密的情人，却因为话不投机而出现了冷冰冰的局面。

这就是由于异性的话题差异而导致的结果。男孩并不知道女性对什么东西感兴趣，所以找了这个话题来讲，并且认为既然女孩并没有表现出不耐烦，就代表她也对这个话题感兴趣。其实只要他稍加注意，就可以发现问题的所在。

男性和女性的谈话是有十分明显的差别的。一般而言，在男性面前，大多数女性并不会主动引导话题、滔滔不绝，她会更加愿意做一个倾听者和跟从者，表现在谈话中，她的话会显得比较含蓄。这时候，谈话的主动权一般都掌握在男性手中。而一场谈话的成功与否，主要是由男性控制的。

3. 赞美对方

任何人都喜欢被称赞。由于人们都希望赢得异性的好感，所以异性的称赞对他们来说就更加重要了。可以说，赞美是赢得异性好感的最好的方法。

如果一个男人采取了某种行动，进而得到了对方的赞同，他就得到了自己希望得到的最高的赞赏。比如，如果女性对他欣赏的电影评论说："这真是一部十分有趣的电影。"这等于在说："你真是一个有趣的人。"这种肯定的引申意义，确实是不可思议的。

相对而言，女人则更加喜欢得到直接的赞美。当一个女人被称赞"你今天真漂亮"的时候，这会让她——如果她开始心情不那么好的话——变得高兴起来。需要注意的是，如果说男人喜欢听到"今天晚上你很愉快"，那么女人则更加喜欢听到"你今天晚上真迷人"之类的话。

4. 保持神秘

在心理学上，保持神秘感是一个人拥有持久魅力的不二法门。很多人抱怨他们结婚之后爱情就走向了灭亡，这在一定程度上就是因为丧失了神秘感。这种抱怨不得不说有一定的道理。

与此相反的观点是，人与人交往应该真诚、直率，说话应该直截了当。但是我们可以说，异性在交往的时候却并非如此。

我们的确需要向对方敞开心扉，但是这却是在一定程度上的“敞开”。可以这么形容这种程度，即能够让对方发现你有一定的吸引力，但是却并不完全坦白。

实际上，正是因为男女之间具有很多的不同，才让异性交往显得神秘，并且具有十分强大的吸引力。而如果你一开始就展示了你的全部，那么也就在一定程度上丧失了这种吸引力。

5. 社会交往中忽视性别差异

如果你同对方的交谈是一种以社会交往为目的的异性交谈，那么，你最好在一定程度上忽视对方的性别特征，这样才能做到自然、和谐，才能消除紧张心理，也只有这样，才能够在客观上帮助你赢得异性的好感。这一点很好理解：正因为这种差异的存在，你才会想到在交谈的过程中应该取悦对方，才会郑重其事。当然，忽视性别差异并不意味着你可以不拘小节，因为所有谈话都是需要注意礼仪的。

当一个人出现在许多异性中的时候，这时候你们的话题可以是那些适合大多数人的。

如果他们大多是男性，自然不能寻找那些家庭或者孩子等较私人的话题，以勾起少数女性的兴趣。作为一个女性，如果你处在这样的环境之中，最好倾听他们的谈话；如果可能的话，还要表现出极大的兴趣。这样，你才能够取得社交的成功。

<最极端的心理暗示：忽视对方的性别特征。这并不是指需要你忘记这一点，而是为了在心理上帮助你克服紧张感而做的暗示。在实际言行中，你还是必须注意它。>

男人别用沉默折磨女人

◎婚姻并不是坟墓，如果你愿意的话，你可以使婚姻变成天堂——关键在于你怎么去做。

◎把男人在婚前追求妻子的激情拿出来，不要对婚后的生活感到厌倦。

◎感谢、赞美你的妻子——当然，这还不够——会让她觉得为你所做的一切都是值得的。

蒙哥马利是英国历史上著名的军事家。他在38岁的时候，仍旧是一个光棍。直到1926年，他的生活才因为遇到了卡菲尔夫人而发生了改变。

当时，没有人想到这个声名显赫的将军会爱上一个军人的遗孀。蒙哥马利当然不在乎这一点，他在乎的只是他对卡菲尔夫人的爱情。一年后，他们在齐奇克教区的一个教堂里举行了婚礼，正式开始了他们幸福的婚姻生活。

蒙哥马利并不像一般的军人那样脾气暴躁，在整个婚姻生活中，他几乎没有什么粗鲁和没有教养的言行；相反，他对自己的妻子从来都是礼貌有加，而且似乎有说不尽的甜言蜜语。当贝蒂·卡菲尔做了一件家务的时候，他总是会对妻子说一声“谢谢”；他总是赞美他的妻子很漂亮；在平常的日子里，他也总是对妻子说一些话来逗她开心。他千方百计地使他的妻子感到幸福和满意，自己也因此得到满足。

1937 年的春天——这时候，他们的婚姻已经持续了 10 年——当贝蒂在海边散步的时候，她不幸被一只毒虫咬了，并因为毒性发作被送往当地的乡村医院。蒙哥马利赶到医院，守护着贝蒂。最后，贝蒂在蒙哥马利的怀里安然逝去。在她临死前的几分钟，蒙哥马利还在为她朗诵《圣经》和赞美诗，但是却已经不能再唤醒妻子。

应该说，贝蒂是幸福的——我指的不仅是蒙哥马利在她死后没有再娶，她是他这辈子唯一的恋人——我想说的是，这个世界上的大多数女人好像都不如她那么好运，她们的婚姻生活似乎并没有这么幸福、浪漫。如果她们自己没有主动去行动的话，她们回家后看到的将毫无例外是一个一直冷冰冰的家庭。在结婚之前，丈夫是一个能说会道、口若悬河的人，但是结婚之后他却好像变了一个人一样，对家里的一切——包括自己——似乎都失去了兴趣。丈夫像蒙哥马利那样对自己有着说不完的甜言蜜语，这对这些可怜的妇女来说简直就是痴心妄想。

不要认为我们的切身感受是不可靠的。社会学家也告诉我们这样一个事实：结婚以后的男人是沉默的动物。女人们常常对人抱怨说："他什么都不肯说。"他不愿意说出自己为什么一回来就要躺在床上，为什么总是忘记结婚纪念日，为什么不肯用妻子为他买的那条领带。他们这么做了，但是却认为自己不需要对此解释些什么。

问题在于，正如前面我们提到的谚语所形容的那样，女人确实是用耳朵来"观察"世界的。她当然不希望吵架和怒骂，但是也绝对不想听不到任何声音。大部分的女人相信，她们是需要被关心、需要经常听到些甜言蜜语的。她们经常抱怨自己的丈夫不像以前一样赞美自己、关心自己，这似乎表示她已经对他失去了吸引力。她不想自己面对的是一个沉默的丈夫，她不想男人用沉默来折磨自己。她们希望能够像新婚时那样听到丈夫对自己多说几句赞美的话，从而让自己高兴起来。

一个农妇表达了自己对这种沉默的愤怒，虽然有一些夸张，但是的确很能说明问题。她和大多数有工作的女人一样，每天除了自己的工作之外，还必须给家里人做饭。有一天，晚餐的时间到了，她却把一大堆草放在饭桌上。丈夫对这样的行为感到十分不解，问她是不是发疯了。这位农妇回答说："我还以为你不知道自己吃的是什么呢！我做了20年的饭，你一次也没有告诉我你吃的不是草而是饭。"

沙皇俄国时代的那些上层人物，都很明白这个道理。每当他们品尝了美味的食物之后，他们一定不会忘记对做出这些美味的厨师表示感谢和赞赏。遗憾的是，那些每餐都吃着妻子做的可口饭菜的男人们，却并不像这些上层人物那样有礼貌。他们似乎都认为自己应该得到这些东西，所以并没有在品尝食物的时候，告诉妻子他吃的不是草！

是他们懒得说，还是他们不愿说？无论是因为什么，事实是他们都保持了沉默。从这一点来说，女人的唠叨不休可能并不是因为她们天性如此，而是因为男人的沉默。她们是在用这种方式抱怨男人的沉默。

众所周知，苏格拉底，这个古希腊最善辩的哲学家在婚姻方面是个不折不扣的失败者。他在40岁秃顶之后，依靠自己的口才成功地博得了年轻漂亮的19岁的赞佩茜的芳心，使她嫁给了自己。但是，他们的婚姻生活并不幸福。他的那位娇妻在婚后变得十分蛮横无理，而苏格拉底也经常称她为"泼妇"。

也许一般的人会由此得出一个结论：婚姻是爱情的坟墓。但是这么想过于简单了。那些熟悉苏格拉底的人告诉我们，正是苏格拉底一手造成了自己不幸的婚姻。他在得到赞佩茜之后，开始用沉默对待这位妻子。他要求赞佩茜做一个听话的、传统的、保守的妻子，并且经常对没有达到这个要求的赞佩茜大加责骂。年轻的赞佩茜自然无法转变得如此之快，因此忍不住会用发脾气来发泄心中的愤怒。而当她在被苏格拉底说成是“恶妻”之后，她的脾气变得越来越暴躁，最后终于变成了一个真正的“泼妇”。

因此，有专家指出，如果在婚后苏格拉底对赞佩茜还像婚前那样热情的话，那么赞佩茜是不会变成那个向苏格拉底泼污水的“泼妇”的。

事实上，另一项研究表明，因为某种无法解释的原因，男人比女人更加喜欢争辩。但是奇怪的是，男人却很少在自己的妻子面前争辩。当他吃到自己并不喜欢的晚餐的时候，他可能会放下饭碗去看电视，却不跟妻子解释他为什么这么做；当他觉得妻子的妆化得过浓的时候，他也会不置一词。他们好像以为只有这样才会相安无事。

但是事实并非如此，我的一个成功的作家朋友就是这样的。他有一天找到我，向我说起他家中的烦恼。他像苏格拉底一样把他的妻子说成是一个难得一见的泼妇，并且说她似乎喜怒无常、太难伺候。

“她的工作并不十分辛苦，”我的这位朋友说，“但是一回到家她却经常唉声叹气。她最喜欢无理取闹，常常莫名其妙地就大吵大闹起来。我并没有跟她争吵，但是家中却永无宁日。”

的确，这位作家生性安静，而且喜欢沉默寡言，他更擅长的是写作，而不是说话。

我建议他说：“你试着多陪她说说话，也许她所做的一切都只是想要你多说几句话而已。”

一个星期以后，这个朋友又来见我了，他高兴地对我说：“的确如此。我现在经常赞美她，对她嘘寒问暖。她的脾气原来还是很好的。”

在很多情况下，男人所忽视的东西往往是女人重视的东西，如一句问候、一句关心，或者一句表达爱意的话——这本来是无关紧要的东西，但是却往往能够使女人高兴起来。既然如此，为什么还要用沉默来折磨女人呢？

如果你真心喜爱你的妻子，就要把“花言巧语”说出来，而不是埋在心里。

<多说些“花言巧语”，这样做不会有坏处。>

永远不要用强迫的语言

◎尊重对方，这是你能够做到不使用强迫性语言的重要前提之一。要知道，在丈夫和妻子之间，没有人是处于领导地位的。

◎换一种方式表达你的意见，让对方听起来更加容易接受。

◎不要认为你们的冲突是绝对的，实际上，既然你们是夫妻，就没有绝对的冲突。关键是解决冲突的方法要恰当。

虽然我们在传统的基督教婚礼仪式上可以听到这样的话：“从此以后，不论更好或更坏、贫穷或富有、疾病或健康，你们都会彼此相爱，一直到死亡的那一天。”但是这种誓言听上去并不可信。我们更加相信自己的眼睛和耳朵，它们让我们知道：即使在我写下这些文字的这一刻，也有无数的家庭正在争吵，有无数的男女正在伤心。如果我们把视野放得更加宽广的话，可以把我们的观察结果变成一句话：

有人的地方就有矛盾和冲突——家庭自然也不会例外。

虽然这个结果可能听起来让人有些沮丧，但是却大可不必如此。能够和和气气、相亲相爱当然好，但是即便有一些冲突，也会使我们的婚姻生活变得更加有意思。冲突是由不同的意见、不同的观察角度甚至不同的解决办法所引起的，而拥有亲密关系的夫妻也自然会存在这方面的问题。

比如，你觉得你的妻子不化妆的话看上去可能会更加舒服，你想让她接受你的观点，但不幸的是，她坚持认为自己化妆后更加动人，甚至认为不化妆就会感觉不自信——结果两个人争论不休。当这样的家庭冲突产生的时候，我们会想办法去处理；同时，我们总是希望两个人都对这个处理结果满意——从这一点来看，关于化妆这个问题，上面一开始的解决办法是不恰当的。

我的意思是，你不能用强迫的语言去说服对方或者命令对方做任何事情——就像我前面所提到的那样，因为这样做的结果只会对你们不利。

有这样一个古老的故事：风因为想证明自己比太阳强大，于是对太阳说："我比你强大多了，这一点我可以轻易地证明给你看——我能很快地脱去那个人的衣服。"风让太阳躲起来，自己开始施展威力。但是，风刮得越大，那人把自己的衣服裹得越紧。

最后，风不得不放弃了它的努力。这时，太阳从乌云后面出来，晒得人身上暖洋洋的。那人开始出汗了，于是把外套脱了下来。

太阳对风说："友善的力量，永远都比强迫的力量更加强大。"

确实，强迫经常不能达到目的。有一句古话说：你无法用一把枪去套住一个男人。当然，这样说可能有些片面，因为你也无法用一把枪套住一个女人。它的意思是，你不能强迫你的妻子或丈夫去做什么事情。如果你不在乎什么影响，比如给你们的家庭带来裂痕，那么我无话可说。

不久前，我跟一位大企业的总裁单独进行了一次交谈。他是一位年轻的成功人士，因为工作十分出色，他的相片经常出现在美国各大报纸显要的版面上。一开始交谈的时候，他一直非常兴奋，但是当我们谈到他那位美丽的妻子的时候，他却开始愁眉苦脸、唉声叹气。

“唉！”这位总裁先生说道，“我的妻子总是不理解我。我给了她需要的一切东西，希望她能够变得更加有教养和有素质，但是她非但不感激我，还好像对我的行为十分不满。”

“你是怎么做的呢？”我问他。

“哦，”总裁回答道，“我想送她去纽约大学念书——我认为这是她急需做的事情。我打算送她去那里读一年书，然后跟我一起管理公司。”

据我了解，他本人受教育程度很高，精通企业管理的知识，更加重要的是，他对这项工作十分感兴趣。但是我并不知道他是否确定他的妻子也跟他一样对企业管理有很浓的兴趣。我向他问起了这个问题。

“毫无疑问，”这位先生非常肯定地说，“她既然跟我结了婚，并且和我一起生活了将近 5 年，她怎么会对这些不感兴趣呢？”

我虽然并不能肯定他的判断是错的，但是我知道，他的妻子之所以对他的决定不满意，一定会有兴趣方面的原因。和大多数人一样，这位先生也犯了一个十分容易犯的错误，那就是他仅仅依据对方是他的妻子这个事实，就判定他们有着相同的兴趣和爱好。

因此，他是在强迫他的妻子接受他的建议——这时候似乎变成了一种命令。如果用我以前提到过的道理来分析的话，即使他的妻子原来想听从他，但是当她发现自己是在被命令之后，她也会无意识地产生一种反抗的心理。

这样的道理不一定只有心理学家或婚姻专家才知道。那些过着幸福生活的人们，都懂得这样的道理，他们从不对自己的妻子或丈夫使用强迫性的语言。他们从不说“你应该怎么做”或“你不应该这么想”，而是用更加巧妙的方式表达自己的观点。

强迫性的语言似乎无时无刻不在上演。大多数人都对他的顾客小心翼翼，生怕说错一个字，但是面对妻子的时候却大吼大叫，像一个暴君一样。他们总是习惯于指使自己亲密的爱人怎么去做事、怎么去说话。怪不得迪克斯说：“说伤人的话最多的，就是我们的家人，这的确让人吃惊。”奥利弗·哈姆斯在他的《早餐的独裁者》一书中描述的就是这样一种情境。但是哈姆斯本人却并不这样，他从不让妻子看自己的脸色，即便心情不好，他也不迁怒于人。

桃乐斯·迪克斯曾经评论说，有半数以上的婚姻都是失败的。依她看来，婚姻失败的很大一部分原因都与强迫性的语言有关。她提出疑问说：

“让太太们感到疑惑不解的是，既然他们完全可以采用温和的手段取代强迫，为什么他们不能够更加温婉地对待太太们呢？

“男人明明知道，奉承可以使太太不顾一切地去做任何事情：他知道，只要称赞太太管家有方，她就会把自己的最后一分钱都贴补家用；他知道，只要赞美太太穿上去年买的过时的衣服非常漂亮，她就不会去想巴黎的高级时装；他知道，他的亲吻能够让太太宁愿自己的眼睛变瞎、喉咙变哑。这一切方法，太太已经毫无保留地告诉他了，可是他为什么却好像一点儿都不知道呢？”

身为男人，我可以肯定地告诉妻子们，这些方法同样适应于她们。因此，为了家庭的幸福，所有人都应该放弃使用强迫性的语言。

<不要为无谓的小事而大发脾气，不一定非要在小事上争出胜负，那样的蠢事会——至少是细微地——影响你们的感情。>

用鼓励代替指责和批评

◎批评和指责只会使你的妻子或丈夫生气，而不会使他（她）听从你的意见。

◎不要用傲慢的语气指挥他应该怎么做，最好的办法是让他自己愿意这么去做，而鼓励就是这样的一种好办法。

在美国，有一位著名的女士，被别人戏称为“打岔专家”。在一次宴会上，她的丈夫十分兴奋地跟朋友们谈起了某位将军的事迹。他正说得兴起，没想到这位女士进来插话说：“先生，不要再说了，如果你能有他一半的才能，我也就心满意足了。”她就是这样在大庭广众之下给她的丈夫泼冷水，批评她的丈夫的。这当然让人受不了。最后，她的丈夫不得不跟她离了婚。

另外，也有与此相反的例子。俄国女皇凯瑟琳统治着世界上最大的帝国，毫无疑问，她有着至高无上的权力。事实上，她是一个残忍的女人，曾经发动过许多次毫无意义的战争，杀害过许多仇敌。但是她的婚姻生活却很幸福，因为她在家里一直都是十分温和的，她从不疾言厉色地对她的家人进行批评和指责。即便她的家人犯了什么错误，她也会什么都不说，而是微笑着好像什么也没有发生一样。

当珍妮·维茜嫁给杰姆斯·克力尔的时候，许多人嘲笑这是一桩极不协调的婚姻，甚至有人说，这简直就是“鲜花插在牛粪上”。维茜是一个非常漂亮并且拥有大量财产的女孩，而她的丈夫却是一个不名一文的家伙，并且看不出有什么前途——所有人都知道他粗鲁、愚蠢而且没有教养。

维茜却不顾一切地爱上了克力尔，认为她的丈夫是当代少见的天才诗人。她几乎放弃了自己以前的全部生活，陪她的丈夫住到了乡下，一心一意地在生活上照顾丈夫。她成为一个完全称职的家庭主妇，缝衣做饭、悉心照顾有胃病的丈夫、驱散他心中的抑郁。她坚信自己的丈夫能够成功，而且总是鼓励他去做自己想做的事情。

“我从不去指责和批评他什么，”维茜在她的一封信中说，“包括他的粗鲁和没教养。正好相反，我认为这都是他的个性，而我爱的是他的全部。为什么一定要把每个人都变成同样的模型呢？我总是在帮助他，这一点他一直很感激我。”

结果如何呢？克力尔最后成为爱丁堡大学的校长，他的《法国大革命》《克莱沃尔的一生》成为名著，而他们夫妻在顿查尔的住所成了有名的文化聚会的场所。

我的一位朋友的妻子——上帝保佑，我幸亏没有这样的一位妻子——总是嘲笑他的每一份工作。一开始，他找了一份推销的工作，由于是新手，他的业绩不是很好。每次当他到家的时候，他的妻子总是对他说：“我的天才推销家，今天是不是又成交了好多笔买卖？但是，我怎么没有看到你带回家的佣金呢？看你的脸，不会是又被经理臭骂了一顿吧？”

这种愚蠢的嘲笑持续了很多年。不过，我的这位朋友一直没有放弃当初的那份工作。如今，他已经是那家全国有名的公司的经理了。

他和他原来的妻子离婚了，现在的妻子很年轻，经常鼓励他、给他支持。而他的前任妻子却好像很无辜，她对别人说：“他怎么能这么对待我呢？他穷苦的时候是我陪伴他的，但是他现在却离开了我，找了一个更加漂亮和年轻的女人。”

有什么不可以理解的呢？

你为什么不能容忍你的丈夫有一些缺点，而经常对其进行指责和批评呢？当他犯了一个错误的时候——不管他是有意的还是无意的——你为什么都要批评他呢？你应该做的是慷慨地原谅他。当你告诉你的丈夫，说他在某件事情上的做法真是愚蠢透顶，在这方面一点儿天分也没有的时候，那么就已经扼杀了他改变的动力和希望。批评和指责解决不了问题，它们只会使事情变得更加糟糕。社会学家一再告诫我们：批评和指责只会使家庭不和谐，使婚姻破裂。

如果我们换一种方式，即对他进行鼓励，那么情况就变得好多了。作为家人，你应该相信他有能力做好这件事情，这样他才会调动全部的积极性，投入到这件事情中去。

我上文提到的桃乐斯，她的丈夫罗伯·杜培雷一直想做一个保险行业的推销员，但当他在 1947 年开始真正从事这一行业的时候，却一次也没有成功过。一天，他决定放弃这份工作了。

“我完全失败了，”他对他的妻子说，“也许我本来就不适合这份工作。我一开始的选择就是错误的。”

也许一般的人会用批评来使罗伯改变主意，但是桃乐斯知道这是一种愚蠢的做法。她坚定地告诉罗伯，这只是暂时的失败而已。她鼓励他说：“不用担心，罗伯，我相信你一定会取得成功的。”接着，桃乐斯指出了罗伯的一些连他自己都不知道的才华，说正是这些才华能够确保他取得成功。

后来，罗伯找到了另外一份推销的工作，可是他仍旧一次一次地失败。如果不是桃乐斯的鼓励和支持，他早就放弃了再试一次的想法了。桃乐斯不断鼓励他说：“再试一次，也许你就成功了。你要知道，你有这个能力。”

“我觉得我不能辜负她的信任，”罗伯在一封信里说道，“她成功地在我身上建立了她的自信，而我正是依靠这种自信建立起自己的信心的。这就是我前进的动力。”

我们相信罗伯终有一天会取得成功的，因为对于目标而言，只要自己想要达到，最终就会达到。像这种家人面对失败而灰心丧气的例子不胜枚举，这时候只有鼓励才对他有作用，而批评和指责，只会导致非常糟糕的结果。

法国著名的科幻小说家儒勒·凡尔纳在未成名的时候，像处于这个阶段的大多数人一样，投出的稿子无一例外地被退回了。他气得打算把所有的稿件都一把火烧光，所幸稿件被他的妻子夺了过去。妻子对他说：“亲爱的，你写得棒极了！我相信你一定会成功的，再试一次吧！”他又试了一次，结果果然被采纳了，并且正是这部书稿的出版使他一举成名。

如果你想改变你的丈夫或者妻子的某个缺点，你也应该用鼓励的办法。我们很多可爱的女士都会花时间打扮自己，让人看起来非常喜欢，但是约翰的妻子却是一个例外。她似乎没有打扮的习惯，只是有时候心血来潮了才打扮一下自己。我并不是说不打扮就一定不好，但是对约翰的妻子而言却正是这样。她不打扮，只是因为她有一个很漂亮的姐姐。每当别人劝她打扮的时候，她经常回敬道：“不用你管，我再怎么打扮也不如我姐姐。”

她根本就认为自己不适合打扮，所以她并非不爱打扮，而是自卑的心理在作怪。约翰深知这一点，但是他并不像其他人那样，直接指出她不爱打扮的毛病，而是当妻子不打扮的时候，他就一声不吭；当她偶尔打扮了一次，他就用真诚的赞美去打动她：“你真漂亮！”慢慢地，妻子对自己的容貌产生了自信，也经常打扮起来了。

不要批评和指责你的丈夫或妻子，改用鼓励的方法，也许对方会更加乐意改变自己。

< 当你的爱人失败的时候，他（她）需要的不是你的指责和批评，而是你的鼓励和你给予的信心。>

经常谈心可以滋养婚姻

◎保证足够、及时地沟通，使你们清楚彼此心里的真实想法，这样会保证你们的婚姻幸福不衰。

◎当你感到对方误解自己的时候，不要愚蠢地窝在心里——把它讲出来，我敢保证，对方会理解你的。

加拿大安大略的杰克·杜蒙先生曾经给我寄了一封信，对我说了一些他对婚姻生活的感悟。他在信中说道：

“我好不容易娶了一位理想中的妻子，她聪明、美丽而且温柔，可以说是完美女人的化身。结婚之后，为了使我们的家庭更加幸福，我开始把几乎全部的精力放在了我的工作上，所以事实上把维持婚姻和家庭幸福的任务全部交给了我的妻子。

“一开始，我并没有觉得有什么不妥，只是开始感到我的家庭生活并不像想象中那么幸福。妻子常常跟我吵架，但是用不了几个小时，我们就会和好。对这样的事情，我并没有放在心上。但有一天，我的刚满 4 岁的儿子突然对我说：‘爸爸，你不喜欢妈妈吗？我觉得她很好啊！’他那么说好像我是一个大坏蛋似的。他的话让我突然体会到‘妈妈’这个词的分量，然后我也体会到她作为‘妻子’的分量。我当然是很爱我的妻子的。她一直默默无闻地为我们这个家做着很多事情，而我却没有任何表示。每天回家之后，我吃着她精心做的可口的晚餐，把一天的疲倦都驱散掉；第二天又穿着她洗烫的衣服，精神抖擞地去上班。我觉得这一切都是应该的，一切都很自然。

“可能在我妻子的心里，在某些时候，也会有和我儿子一样的想法：‘难道杰克不再爱我了吗？难道我做错了什么吗？’她会产生这些想法，都是我的过错。我虽然是爱她的，但是我却不能原谅自己。在过去的 5 年里，她从没有体会到什么是幸福的家庭生活。

“于是我找了一个合适的机会，邀请我的妻子参加只有我们俩的约会，并且跟她谈了一次心。我非常郑重地告诉她，我很爱她，就像以前一样，但是我在之前却做了许多傻事，并请求她的原谅。我的妻子原谅了我，她也把自己的一些想法告诉了我。她的想法原来跟我料想的一样，她的确存在过我不再爱她的疑虑。她对我说，作为一个妻子，她却不能完全了解和信任她的丈夫，这使她十分愧疚。

“那次谈话之后，我们的婚姻生活发生了明显的变化，我的妻子显得比以前快乐多了。因此，以后我又经常找时间跟我的妻子谈心——每个星期至少一次。谈心确实使我们的婚姻保持了活力，我们现在跟刚结婚的时候是一样的。”

的确如此。结婚并不只是意味着相互交换戒指，而是要让对方知道，你是多么愿意跟他（她）生活在一起。许多先生和太太感到疑惑：为什么婚前那么热烈的两个人，在婚后却显得那么陌生，或者只是像一对朋友一样，完全不再有情爱的表示。当他们完成结婚的仪式之后，他们甚至不再有正式的交谈。

当他们对某件事情的意见发生分歧的时候，他们经常会把它藏在心里，躲在角落里生闷气，抱怨怎么遇到了这样一个不好相处的配偶——他们不大喜欢或者不好意思把自己的心里话说出来。

结果如何？很多婚姻的破裂，正是那些琐碎的小事导致的，而不是那些触礁般的大事件。而这正是因为没有沟通的缘故。想想看，如果你能够适时地把自己内心的想法跟对方说出来，难道还会有什么不可解决的问题吗？

因此，婚姻专家给我们的建议是：与你的配偶谈心——就像杜蒙那样。

“他不爱我”“她一点儿都不理解我”，这样的话我们几乎天天都可以听到。问题在哪里呢？难道真的是对方变心了吗？难道对方真的那么不负责任——在结婚的时候，对一个以后一辈子都要生活在一起的人轻易地就进行了幸福的许诺吗？

事实当然不是这么简单。我并不打算否认存在这方面的原因，但是我仍然相信主要原因不在这里。既然两个人能够结婚，那么就应该不存在不可以解决的矛盾和冲突。问题的关键在于他们缺少沟通。

相对来说，大部分的男人更会存在这方面的问题，他们都像杜蒙先生一样。他们向人们解释说：“我每天花 10 个小时上班，每天筋疲力尽，什么都不想说，什么都不想做。至于家庭的事情，就交给我的妻子来处理好了。”

有关的调查统计显示，结婚后的男人每天对妻子说的话一般不会超过 2000 个单词。相对于男人平均每天说 15000 个单词来说，这个数字低得让男人们难以置信，但是相信女人们应该不会感到惊讶。男人的话对顾客、上司、下属和朋友们都讲完了，回到家里好像就无话可讲了。

如果这种行为可以原谅的话，那么下面的这一种行为就不可以原谅了。当他明明知道自己可能被妻子误解为“不爱我了”或者“有外遇”的时候，他依旧缄口不语。他并没有想到要解释什么，好像也没有想到这种猜测可能导致的后果。

让我们来想象一下没有进行及时和足够沟通的婚姻破灭的轨迹：忙碌于工作的男人认为自己最大的责任是为家庭提供足够的物质保障，因此没有时间和精力给予妻子感情上的慰藉，而此时的女人则需要得到这些。当她不能被满足时，常常会感到自己很寂寞、被忽视、被欺骗了，于是她开始抱怨，并且开始进行种种无理的猜测。这导致了夫妻关系的疏远。

男人仍旧没有注意到这一点。一开始，女人会耐心地去试图理解、吸引、引导他，但当女人打算主动跟他谈心的时候，男人却一点儿都不重视。于是，这种难以忍受的、如同寡居的生活使女人越来越容易怀疑和猜测。

女人想要挽救似乎要破裂的婚姻。于是她产生了一种焦虑的感觉，并且为此而苦恼。她开始找机会刺激他，使他尴尬、发怒，这更加加深了女人的焦虑。就在这时候，发生了一件小事，他们发生了争执，女人开始借题发挥，而男人本性难移，依然忽视这种矛盾。男人认为女人是在无理取闹，一点儿都不理解自己的辛苦；认为她生性尖刻、泼辣，也许他们本来就不适合在一起。女人认为男人既然这么不重视她，于是就提出了离婚。

毫无疑问，这样的发展轨迹符合大多数情况。多么可怕！而这一切的原因仅仅是没有进行及时、有效的沟通。

因此，如果你认为存在这种危险的话，请多与你的妻子或丈夫谈心——把你心里的想法告诉对方，这样就会好起来的。

<让你们的谈心充满活力。不过，当你说出你的想法的时候，也不要让对方误解你是在开玩笑。>

男人可以适当地表现出脆弱

◎“男人当家做主”从来就不是天赋的——不要认为这是女权主义者的宣言。家庭中的每个人都是平等的。

◎如果你从来表现的都是大男子主义，除非你确认你的妻子喜欢——这种概率是很低的——否则，必须加以改变。

洛杉矶家庭关系研究专家保罗·鲍贝洛曾经得出这样一个令人信服的结论：相对于知识丰富、有能力的女性来说，大多数年轻男人在选择自己的对象的时候，更加愿意选择一位对他有诱惑力、能满足他的虚荣心并且能够使他产生优越感的女子。

这个结论跟我们平常的印象几乎没有差异，它是男人们的共同特性。现在，已经没有男人对他的妻子说：“没有你我怎么活?”——我指的是真心话。在我们的文化背景中，男人们被要求“像一个男人”，这意味着他们必须有权威、说话算话，必须总是很坚强。事实上，这正合他们的意愿，他们无一例外地想要树立自己坚强的甚至是至高无上的形象。在家庭中，他们认为自己应该理所当然地取得领导权，家庭的大小命令都应该由他们发出，他们才是真正的一家之长。他们不想表露出自己的脆弱。

埃迪·康德曾经无数次在公开场合表示了他的妻子在他的生命中的重要性："我从我的妻子那里得到的东西胜于任何人：她帮助我在事业上不断进步；正是她的节俭，使我有足够的资金用于投资；她为我带来了家庭生活的全部幸福。假如说我有一些成就的话，那么全是她的功劳。"

我相信，埃迪的这些话都是发自内心的。现在，像埃迪这样的男人已经不多了。现在的男人只要取得了一点成功，就会毫不犹豫地把功劳全部揽到自己身上。即使他要感谢他的妻子和家人，那也多半只是出于礼貌。

我有一次参加招待会，那个男主人是个有名的人物。他对所有的来宾都表现出了极大的热情，并且都十分有礼貌。可以说，他的绅士风度和完美形象几乎无可挑剔——但是却只是"几乎"而已，原因是他对自己的妻子很明显不是那么重视。人们只要注意观察，就可以很明显地看到，无论是言行举止还是神情、目光，他都好像对待一个陌生人一样对待妻子——不，在当时而言，比不上对待一个陌生的客人。他的太太在人群中显得很尴尬，我猜想她很想回到自己的房间。

这种截然不同的态度一度使我感到非常奇怪，但是后来我却找到了原因：那是男人的自尊心在作怪。他一定认为，在这样的公共场合，没有必要关注自己已经非常熟悉的妻子；他一定认为，如果表现出他柔情的一面的话，会给客人们留下不好的印象。老实说，我们知道他急于把客人都招待好，但是他没有注意到这样会给他的婚姻生活带来——实际上已经带来了——不利的影响。而如果他把自己的注意力稍微分一点儿给他的妻子的话，那么客人一定不会大惊小怪，说不定还会增加他的魅力。后来，我听说他们的婚姻并不美满，甚至于在闹离婚。这是我们意料之中的事情。

柴斯德菲尔德说过：“要养成一种好的风格，必须做出一些小小的牺牲。”——只是一些小小的牺牲而已。对男人而言，这意味着要多表示对妻子的关心，多献一点儿殷勤。这很难吗？当然不，但关键是男人们认为这样做会损害他们的那一点儿可怜的自尊。他们绝不会表现出自己很顺从的样子，而是打算随时拿出权力的棒子来。他们不想对穿着、烹饪、料理家务这些女人的事情有任何兴趣，即使他们实际上非常关心。洞悉人情的安德烈·毛罗斯劝告男人们可以适当地表现出对这些东西的关心。

似乎有一种约定俗成的观点：男人不应该寻求帮助，特别是在感情方面不应该依赖别人。他们被告知：作为男人，应该把自己的痛苦藏起来，不让人知道。

如果他们没有脆弱的一面，那么女人们也许无话可说，关键是人人都会有脆弱的时候。但是男人们即使在工作上遇到了许多困难，也从不在别人面前表现出来。他们的出发点似乎是好的：希望家庭不要受到影响。他们保持一贯的坚强的形象，不希望在妻子面前表现出自己脆弱的一面。这让我想起了法国著名小说家巴尔扎克这么评论男人的一句话：“有许多丈夫，让我想起了拉小提琴的大猩猩。”

当然，还有一些不是“大猩猩”的男人，看起来，这些男人不是很想出人头地。卡耐基口才训练班的一位学员在给我的信里写道：

男人总是感到自己的生活就是比赛，如果他接受了别人的帮助，那么就会给他的成绩抹黑，甚至使他的成绩无效。我有时候觉得自己就像一个80岁的老头，一个劲儿地在心里嘀咕：“千万不要生病，千万不要去看心理医生。”实际上，我知道如果没有别人的帮助，就好像想登上珠穆朗玛峰却没有带氧气瓶一样，是不可能的事情。非常幸运的是，我现在已经摆脱了这种观点的影响。

我的一位朋友的父亲佩利和母亲罗斯在一起幸福美满地生活了60个年头，连一次争吵都没有过。让我们来看看他们是怎么做到的。

在家里，一般是罗斯占主导地位，她决定钱该怎么花、午餐吃什么、买什么房子以及其他几乎所有事情；佩利一般是高兴地赞同她的意见。当老两口到女儿家里去做客的时候，女儿问起佩利想要吃什么，佩利总是这么回答：“问你妈我想吃什么。”罗斯经常骄傲地对她的儿女们说，他们的爸爸是被她宠坏的，而一旦她不继续宠他，他就会不知所措。佩利表示完全同意这个看法，并且毫不费力地把它坚持了下来。的确，当罗斯在佩利之前离开人世的时候，佩利失声痛哭了好一阵子，有很长一段时间生活无序甚至不能自理。

不要认为他们天性如此。事实上，熟悉他们的人都知道：佩利是一个拥有聪明的头脑、具有领导天分和高超的说话技巧的人，而罗斯则天性温柔，并不习惯发号施令。但很奇怪的是，在他们组成的家庭里却产生了与之相反的“权力分配”。

以上的事例至少说明了这样的一个事实：在家庭中，男人也可以表现得很脆弱。当然我的意思并不是说每个男人都应该向佩利学习，我的意思是，我们为什么不顺从我们自己的天性呢？更何况，男人适当地表现出自己脆弱的一面，会使我们的婚姻生活更加幸福。

一位卡耐基口才训练班的学员跟我谈论起他的婚姻。他说在他们结婚的10年里，他没有看到过他的妻子的一次笑脸——当然这是夸张的说法，他的意思是说，她好像一直都很不开心。

一年以前，他的妻子到医院做常规检查，回来后告诉他：她患上了不治之症。这个消息就像晴天霹雳一样，让他感到惊慌失措。他爱他的妻子，老实说，他宁愿失去自己的生命也不愿意失去她。当他想到妻子在他们结婚的这10年里一直很不开心，而现在她居然就要离开自己时，他感到自己对不起她。最后，他居然当着妻子的面哭了起来。

后来他们到另外一个医院检查，发现那个不幸的消息是医生的误诊。虽然他虚惊了一场，但是却得到了很多的东西。让他奇怪的是，他的妻子明显的比以前快乐多了。有一天，他终于知道了他的妻子快乐起来的原因。

“亲爱的，”他的妻子跟他说道，“你以前从未让我感到过幸福。你在我面前从来就像我的父亲那样，对我都是用命令的语气说话。即使在我十分伤心的时候，你也从不安慰我。这好像是在告诉我，你一点儿都不在乎我。这种感觉折磨着我，但是我不知道怎么跟你说。直到这次，当你知道我患病了，表现得那样伤心，我才知道你是爱我的。所以，我当然很快乐了。”

是的，大部分妻子都有这样的感觉，虽然她们没有表现出来——我在前面讲过，这样的情况很糟糕。因此，如果你们想要婚姻幸福，为什么不适当地表现出你们的脆弱来呢？

＜男人需要表现脆弱——只是适当的，不要使它过于肉麻。＞

别动不动以离婚相威胁

◎如果你真的希望对方改变，用离婚相威胁并不是一个很好的办法。正相反，这种方法很愚蠢。你完全可以用其他的更加有效的方法去改变对方。

◎也有这样一种可能：当你随意说出要离婚的时候，对方却当真了，这时候你后悔都来不及。

“我们离婚吧！”这句话没有人喜欢听，当然也没有人乐意把它说出来。可以说——如果不怕过于偏激的话，在所有的、形形色色的夫妻之间的矛盾和冲突之中，只有离婚这个要求显得比较过分，而且比较棘手。听到这个词的时候，人们就会像一个被告被法庭宣判了死刑一样感到害怕。我所说的恐怕大多数人都会同意。

但是请注意，我所指的是庄重的宣告，而不是那种开玩笑的话。因为所有有威力的话如果变成了一句玩笑，就跟“你好”这样的词语一样平常，也就失去了它原来的意义。遗憾的是，好像有不少人经常拿它来开玩笑，至少并不是以严肃的态度来对待它。

当然，一般的人还是不会经常用它来开玩笑的。但是据我观察，最近越来越多的丈夫或妻子对他们的配偶滥用了这句话。他们动不动就会以离婚威胁对方，以达到改变对方或者使对方听自己摆布的目的。他们天真地以为，所有事情都可以用这种有攻击力的谈话来解决。

“如果他爱我，他会愿意为我改变的。”许多在口头上说离婚的人经常这么想。他们期望这种有分量的条件能够换来对方的改变，而如果对方在这种情况下都不能改变，那么他们就会把这张支票兑现——采取行动，也就是离婚。他们把离婚当成了婚姻的“试金石”。不幸的是，这样的试金石往往并不灵验。

最近，卡耐基口才训练班的一位学员维萨收到了这样一封信，信是跟他结婚已 10 年的妻子写来的。

我之所以给你写这封信，是因为我讲的话你已经听不进去了。事实上，我已经警告过你很多次，我打算跟你离婚，但是你好像以为这只是我在威胁你或者强迫你。现在，我必须说，除非你能够拿出点儿行动来，否则我将马上将它变成事实。

维萨在我看这封信的时候十分紧张，但是当我看完之后，他仍旧问我：“卡耐基先生，你认为我妻子说的会是真的吗？”

我为这样的问题所困，感到难以回答他，因为答案只有他自己能够给出。当一封措辞这样激烈的信出现在他的面前，他居然还怀疑是不是真的。出现这种情况可以有两个解释：一个是维萨愚蠢之极——这一点，我可以非常有把握地予以否认；第二个就是确实如信中所言，他的妻子已经过多地用这个方法对他进行威胁了，从而让他仍旧以为这只是威胁而已。

果然，在接下来的谈话中，我了解到，维萨的妻子已经数次用严肃的语气对他说：“如果你还不改正，那么我将和你离婚。”——而且有好几次情况似乎比这次更加严重，那时候他以为妻子已经打定主意了。维萨对我说，他确实很想改正自己的缺点，但是他并不相信他的妻子会跟他离婚。

他每次都是带着将信将疑的态度去看待这样的警告的，但是这次的结果却出乎他的意料之外——他并没有像往常那样幸运。最后，他的妻子果真跟他离了婚。

维萨对此后悔不已。他像许多男人一样，抱怨妻子离开自己的时候毫无征兆，让他觉得太突然了。当妻子对他说要离婚之后，他以为这只是她的一种威胁而已，或者说，这只是她的一种策略。他每次都想，事情并没有糟糕到无法挽回的地步。

我并不想说这件事情的全部责任在于维萨的妻子，但是毫无疑问，她确实应该负很大一部分责任。“离婚”这个词过多地出现在她的口头上，于是就变成了仅仅是一种威胁。而我们应该知道，离婚应该是婚姻到了无法挽救的时候得出的结论性的东西，而绝不应该是一种条件。

许多人在说出“离婚”这个词的时候同时也会有“也许我们总会解决的”“他最终会改变的”“可能是我一时冲动”等一类的想法，他们其实并不想真正地采取行动，或者说他们并没有完全死心。他们说这话的时候的确很气愤，并且真的有这样的想法，但是随着时间的慢慢推移，这种想法会渐渐淡化、消失。这可能可以解释为什么说“离婚”在事实上成为一种条件。

那么，当你没有确定无疑的把握的时候，不要把这个词说出来。离婚应该成为你的底线，而不是可以宽容的条件，也不是筹码。只有当婚姻处于完全破裂的时候，你才能说：“让我们离婚吧！”

如果他不想跟你离婚，他就会为你而改变——这只是你一厢情愿的想法。他会这么想：既然她因为我的这点小缺点要跟我离婚，那么她就是不爱我了。这样你就弄巧成拙了。

<不要把离婚当成是一种条件、筹码或者灵丹妙药。在这种时候，它更多的是婚姻的刽子手和毒药。>

第五章

改变人生的演讲语言

当众说话的方法和技巧

◎选择合适的说话题材——最好是跟自己有关的题材。这样才能深入、形象地谈论你所说的话题，并且融入你的说话当中。

◎充满激情地当众说话。让你的听众看到你对所说的内容充满兴趣和信心，只有这样，他们才可能被你打动。

◎与听众共鸣。不要让听众以为你在自言自语，并且你说的东西跟他们没有任何关系，千万不要忘记听众的存在。

如果你能够让这个世界所有的人都听到“演讲”这两个字，你就可以感觉到这个世界开始发生微微的颤动——那是人们因紧张而颤抖所造成的。人们羡慕那些用演讲征服世界的人，比如林肯、萧伯纳等著名的演说家，但是人们却一致地认为，自己没有能力像他们那样，至少这辈子已经不可能。

实际上，无论处在何种情况下，绝没有哪个人是天生的演说家。在历史上的有些时期，演讲曾经作为一门精致的艺术，需要遵守严谨的修辞法和采取优雅的演说方式。这种难度使得人们如果想要成为一个出色的大众演说家的话，就需要付出异常艰苦的努力。但是现在，我们却把当众演说看成是一种扩大的交谈。在宴会上、教堂中或看电视、听收音机时，我们希望听到的是率直的言语、依照常理的构思，而不是夸夸其谈的、生硬的演说。

因此，当众演说已不再是一门需要付出像以前那样的努力才能掌握的艺术了。它像平常说话一样轻而易举，只需要遵循一些简单的规则就行。

美国现金注册公司理事会会长、联合国教科文组织主席艾林在《演讲与领导在事业上的关系》一文中写道：“在历史上从事商业的人之中，有相当一部分是凭借当众说话的才能而获得成功的。很多年前，一位当时还只是我们公司堪萨斯州一小分行的主管的小青年，在发表了一场十分精彩的演说之后平步青云，今天已经成为我们公司的副总裁，负责所有业务的拓展。”我恰好知道，这位副总裁现在已经是国家现金注册公司的总裁了。

的确，能够从容不迫地当众发表成功的演说，或者能够在众多人面前侃侃而谈，将使你的前途不可估量。因此，那些想要取得成功的人都会努力让自己当众说话的能力得到提高。

那么，当众说话都有些什么方法和技巧呢？这是一个很难回答的问题。根据多年的经验，我认为，要想取得当众说话的成功，至少应该注意以下 3 个方面。

1. 选择跟自己有关的题材

一次，卡耐基口才训练班的老师和学生们在芝加哥的康拉德希尔顿饭店座谈。座谈进行的时候，一位学员站了起来，用慷慨激昂的语调当众说道："我认为，自由、平等、博爱是人类最伟大的思想。一旦没有了自由，生命便失去了意义。我们可以试想一下，如果我们的行动处处受到限制，那将是一种多么糟糕的生活！"

大家对他突然发表这样的高论十分惊奇。他的老师在他话还没有说完的时候，就制止了他继续往下说。这位老师问他为什么要谈论这个话题，为什么会有这样的结论，能不能就这个话题谈一下他的切身感受。

于是，这位学生说了一个惊心动魄的故事。他曾经是法国的一名地下工作者，亲身经历了纳粹党的严酷统治。他和他的家人，曾经遭到纳粹党的迫害和凌辱。他们十分惊险地逃过了纳粹党秘密警察的追杀，在历尽千辛万苦后终于到了美国。最后他说：

"今天，我自由地从密歇根大街来到这家饭店，大摇大摆地从一个警察身边走过。当我到达酒店的时候，并没有被要求出示身份证明。等座谈结束的时候，我可以去任何我想去的地方。因此，请大家相信，自由是值得争取的。"他的话引起了一阵雷鸣般的掌声。

毫无疑问，这位学员能够把这样空洞、严肃的话题讲得如此吸引人，是因为他加入了自己的真实经历。的确，如果你想要取得当众说话的成功，最好的说话题材就是你自己的亲身经历。假使你亲身经历过一件事，或者你经过思考之后，使它成为你自己的一部分，可以肯定这个话题是适合你的。你可以回忆过去，从自己的经历中寻找有意义、给你留下了深刻印象的事情。它们可以是个人的成长历程、个人的奋斗故事、个人爱好、专门领域的知识、不同寻常的经历，或者是个人信仰和信念。我几年前进行过一项调查，发现上述与某些特定的个人背景有关的话题是听众最欣赏的题目，从而对听众也最有吸引力。

如果你在讲话中阐明了生命对你的启示，我想你会拥有很多的听众。当然，这个观点并不是那么容易就会被说话者们接受的；正好相反，他们往往会回避个人的经验，因为这些东西太琐碎和狭隘了。他们喜欢讲一些一般性的概念或哲理。实际上，这些东西更加不容易让人接受。人们喜欢新闻，可是你拿出社论来给他们看，他们怎么会喜欢呢？即使人们喜欢社论，也不应该由你来讲，他们会去请一个记者来讲。因此，如果可能的话，你还是谈谈生命对你的启示吧！只要讲得好，听众会很喜欢你的。

你千万不要以为这些话题太个人化了，或者太轻微了，听众不会喜欢听。事实上，正是这样的话题才能使听众感到快乐，让大家感动。

2. 对话题充满激情

当然，并不是所有你有资格谈论的话题都一定能够吸引听众。比如，我是一个大大十家务的勤劳的男人，我当然有资格谈论拖地的事情。可是，我对拖地并没有热情，事实上我根本不愿提它，我能把这个话题讲好吗？但是，当一些家庭主妇来谈论这个话题的时候，她们似乎对之有无穷的兴趣，在说起这个话题时也十分投入，充满了激情，所以她们会说得十分精彩。

记得 1926 年的时候，我参加了日内瓦国际联盟第 7 次会议。一开始的几个演讲者使会议变得死气沉沉，他们几乎就是在读他们自己的演讲稿。接着，由加拿大乔治·佛斯坦爵士上台演讲，他并没有带任何手稿和纸条。他在整个演讲过程中充满了激情，经常使用各种手势，看起来非常诚挚。看得出来，他投入到自己所述说的内容当中去了。他诚心诚意地表达了自己的观点，并且希望听众也能相信他。他把这些信息表达得非常清晰和明确。

这就是非常有感染力的演说，因为演讲者本身就对演讲充满了激情。而那些对自己的演讲没有多大热情的人，看起来总是不那么可信。

弗胜·J.辛主教是美国著名的演说家之一，他的演说极具震撼力。可是，一开始他并没有明白这个道理。

弗胜·J.辛主教在他的《此生不疲》中记述了他的改变。当他在读书的时候，他有幸成为学院辩论队的队员。但是有一天，他们的辩论教授把他叫到了自己的办公室，狠狠地批评了他一顿。

“你真是差劲!”那位教授毫不留情地说，“从没有一个人像你这样发表自己的意见。”

他指的是弗胜不久前发表的一次演说。弗胜正想解释，这时，教授要求他照着那段演说词重新讲一遍。弗胜照着做了，这花了他差不多一个小时的时间。教授问他：“你现在知道为什么这么差劲了吗?”

弗胜一下子并没有领悟过来。于是，教授更加恼火，对弗胜说：“你再复述一遍!”弗胜不得已，又照着原稿复述了一个小时，最后，他都已经筋疲力尽了。教授问他：“现在知道了吧?”弗胜说：“是的。”

这两个半小时的谈话让弗胜印象深刻，他把自己悟出的道理铭记在心。这个道理就是：把自己融入演讲之中。

所以，在你打算进行当众说话之前，最好先确认自己对所讲的内容充满激情。如果你不能做到这一点，那么最好是换个能够让你有激情的题材。

3. 与听众共鸣

我们知道，演讲由演讲者、演讲内容和听众 3 个要素构成。前面介绍的两个方法，讨论了演讲者和演讲内容之间的关系。但是，只有当演讲者把自己的演讲和听众联系起来的时候，演讲才算真正完成，这也就是说我们要注意与听众共鸣。

高明的演讲者总是热切地希望听众能同意他的观点，能和他产生同样的感觉，他不仅希望自己热情，也希望把这种热情传达给听众。这就是共鸣。他的演讲绝不会以自我为中心，而会以听众为中心。因为他知道，他的演讲成功与否，归根到底不是由他决定的，而是由听众的头脑和心灵决定的。

这个道理听起来似乎很简单，但是实行起来却很难。在推行节俭活动的时候，我曾经对美国银行学会纽约分会的部分职员进行演讲训练。其中有一位学员遇到了困难：他发现无论自己怎么努力，都无法调动听众的积极性，也无法与听众沟通。我对他说，纽约 85%的过世的人，身后都没有留下分文给他们的家人；只有 3.3%的人留下了 1 万美元或者更多。因此，他所讲的内容是帮助听众进行准备，以便他们能够老来衣食无忧，并且留给妻儿安全的保障。他所要做的事情是，让听众知道他所说的东西对他们确实很有帮助。

他对此进行了深入而细致的思考，终于认识到了与听众共鸣的重要性。于是，当他在演讲的时候，他尽量找到听众感兴趣的东西，并且与他们就这方面进行积极的沟通。这样，他最后终于取得了成功。

以上 3 个方法是非常基本的方法，它们确实能够帮助我们更好地当众说话。

＜练习你的说话技能。切记，没有一种理论可以脱离你自己的实践，那些具体的方法，应该在你自己的经验中获得。＞

如何克服怯场

◎找出自己的弱点和不足，有针对性地进行自我暗示。

◎如果可能的话，找出其他演讲者的缺点和不足，比较自己的优点，进而建立你的自信心。

◎把你的演讲词扔在一旁，告诉自己，用不着它。

在一次卡耐基口才训练班的毕业聚会上，有一名毕业生面对着许多人，坦诚地对我说：

“卡耐基先生，5年前，我来到了你举办演讲的饭店门口。当时我知道，只要一参加卡耐基口才训练班，就迟早要当众演讲。因此，我的手僵在门把上，却不敢推门进去。最后，我只好转身离开了。如果当时我知道你能让我轻易地克服恐惧——克服那种让我一面对听众就瘫倒的恐惧的话，我就不会白白浪费这5年宝贵的时间了。”

我看得出来，他说这番话的时候显得格外轻松和自信。这个人一定能凭借他学到的演讲能力和自信力，提高自己处理各种事务的能力。我非常高兴他能勇敢地面对“恐惧”这个让无数人头痛的大敌，并且最终战胜了它。

不用多说，“怯场”这个词本身就会让我们紧张。当你在演讲之前，发觉自己心跳加剧、颤抖、流汗、口干舌燥的时候，这表明你已经开始怯场——当然，还会有其他的症状。一位女士在一个房间里发现一位男士在走来走去，并且不断地自言自语。女士问他：“你在做什么？”男士回答：“我将要在一个宴会上发言，现在还差10分钟。”女士又问：“你总是这样紧张吗？”男士说：“我并不紧张。难道你觉得我很紧张吗？”女士说：“你在走来走去，并且自言自语。最关键的问题是，你现在在女洗手间里。”

上面这个故事可能有些夸张了，但是的确有人经常告诉我们：大多数人认为当着众人说话比死还可怕。但对我来说，我并不相信怯场是不治之症——至少我们能够缓解怯场带来的压力。1912年我开始授课后，还不知道我的课程能帮助人们减轻恐惧和自卑感。随着研究的深入，我发现演讲实际上是一种自然的表现，学会它可以帮助人们减轻不安之感，从而鼓起勇气、建立自信。因此，我决定终生致力于帮助人们在当众说话上消除这种可怕的威胁。

我在前面已经讲过树立成功的信念的重要性。你要记住，你必须成功，也必定能够成功。另外，我还提到积极的心理暗示、借助别人的经验等，这些方法对克服怯场也有很大的帮助。这里，我不打算再详细地进行解释。以下是可以采用的克服怯场的另外几个方法。

1. 借助自己成功的经验

鲁宾逊教授在他的《思想的起源》一书中说：“恐惧产生于无知和不确定。”确实，对大部分人来说，他们害怕当众说话主要是因为不习惯、因为当众说话的不确定性，所以产生了焦虑和恐惧。特别是对新手来说，要面对许多相对来说更加复杂而陌生的环境，这比学网球或开汽车明显要困难很多。因此，只有通过不断的练习，才能把这种不确定因素变为确定因素，从而使自己感到轻松自在。只要有了成功的经验，当众说话就不再是一种痛苦，而是一种快乐了。

以下这个故事正好能说明这一点。杰出的演讲家、著名的心理学家艾伯特·爱德华·威格恩在他读中学时，曾被老师要求作一次5分钟的演讲。在即将演讲的那段时间里，爱德华一想到自己要当着那么多同学的面演讲，心里就十分恐惧。他详细地描述道：

“演讲的日子就要来了，我却病倒了。每次一想到那件可怕的事情，我就头昏脑涨、脸颊发热。我只好跑到学校后面，把脸贴在冰凉的墙面上，好让脸色不再发红。

“在读大学的时候，我也还是这样。有一次，我好不容易背下了一篇演讲词的开头，但是当我面对听众的时候，脑袋里突然‘嗡’地响了一下，然后就一片空白了。后来，我又勉强挤出一句开场白：‘亚当斯和杰弗逊已经过世……’之后就再也说不出话来了。我只好向听众鞠躬，最后心情沉重地回到我的座位上。

“这时，校长站起来说：‘唉，爱德华，我们听到这则令人悲伤的消息，实在是太震惊了；不过，我想我们会尽量节哀的。’接着就是满堂哄笑。当时我真的想以死来求得解脱。之后，我就病了好几天。

“当时，我在这世上最不敢期望的，就是做一个大众演讲家。”

世事难料。爱德华大学毕业一年后，丹佛市掀起了“自由造币”运动。爱德华认为“自由造币主义者”的主张是错误的，并且他们只作空洞的承诺。为此，他艰难地凑齐了到达印第安纳州的路费，并在到达该州后，就健全的币制发表了演说。他回忆说：

“刚开始的时候，我在大学演讲的那一幕又浮现在我的脑海里，挥之不去的恐惧使我窒息。我讲话还是结结巴巴，恨不得立即从讲台上逃下去。不过，最后我还是勉强完成了绪论部分。虽然这只是一次微小的成功，但却增加了不少使我继续往下说的勇气。当我结束演讲的时候，我以为我只用了15分钟的时间，其实我竟然说了一个半小时。这让我极为惊讶。

"结果，在以后的几年时间里，我成了令全世界震惊的人。我竟然把当众演讲当成了自己的职业。"

爱德华认识到，要想克服当众说话时那种灭顶之灾般的恐惧感，最好的方法莫过于首先获得成功的经验，并以此不断地激励自己。

2. 做好充分的准备

出于职业原因，我每年都要担任5000多次演讲的评审员。这个经历让我发现：只有在演讲之前做好充分的准备，才能真正克服恐惧、建立完全的自信。这就好比在打仗之前，只有精心准备作战的武器，才能立于不败之地。

丹尼尔·韦伯斯特说过："如果我没做好准备就出现在听众面前，就像是没有穿衣服一样。"没有哪个比喻比这更贴切了。

几年前，在一次残疾人协会的午餐会上，一位政府要员被邀请作一次演讲。这位政府要员之前并没有做好准备。他站在台上，打算进行即兴演讲，但是却不知道该说些什么。他一边胡乱开了个头，一边从口袋里掏出一叠笔记纸，打算从上面找出一点合适的东西来。然而，由于笔记纸上的内容杂乱无章，他显得更加尴尬。

他手忙脚乱地在那些笔记纸中翻来翻去，时间也一分一秒地过去。他显得越来越绝望，所以不停地向大家道歉。最后，他不得不仓促地中断他断断续续的演讲，在困窘和尴尬中走下台来。

这位政府要员就是一个最没有面子的演讲者。他由于没有提前准备自己的演讲，结果正像卢梭所讽刺的某些人写的情书那样："不知道怎么开始，更不知道怎么结束。"而你如果希望建立完全的自信心，就必须认真对待每次演讲，提前做好充分的演讲准备。

如果你做好了充分的准备，你必须确信自己演讲的题目有意义。演讲题目选好之后，再根据计划加以汇集、整理。你要让自己确信这个题目是有意义的。你必须具有坚定的态度、严格的要求，并以此激励自己、坚信自己。怎么才能让自己确信这一点？这就需要你详细、深入地研究题材，抓住其中更深层的意义。在你登台演说之前，最好先和朋友聊聊。如果他提出了一些合适的意见和建议，你有必要对自己的演讲进行修改。这样，你就可以让自己确信：演讲题目很有意义，将有助于听众。

3. 要给自己鼓气

除非心存某种远大的理想，并且准备为之献身，否则，任何一个演讲者都会对自己的演讲题材产生怀疑。他会问自己适不适合这个题目、听众会不会感兴趣，因此他很可能在一夜之间突然更改题目。所以，你应该学会给自己鼓气，告诉自己：这次演讲是适合我的，因为它来自我的经验，并且我为之做了充分的准备；我比任何一个讲演者都适合作这样的演讲；我能够也应当全力以赴把它说得清清楚楚。

另外，我还打算告诉你们一个事实。社会科学家以他们的研究告诉我们，说话的人和听话的人对于紧张持有不同的看法。通常情况下，即使说话的人宣称自己已经非常紧张，但是听话的人可能完全觉察不出来。这就好像一个人脸上起了一个小疙瘩，而他自己把它想象成有西瓜那么大——这可能相当于他的脑袋的大小了。所以，不论他走到哪里，他都以为人们都在注意他脸上的小疙瘩。

但是事实却是，根本没有人注意到这一点。紧张也是一样的。它只是你心理上的一个小疙瘩，和听众比起来，可能只是你感觉比较糟糕而已。

避免想那些可能使你不安的事情。比如说，你千万不要去设想你可能会犯语法错误，或中间突然中断讲不下去等情况，因为这些消极的想法很可能使你在开始演讲之前就没有了信心。极为重要的是，演讲之前，不要把注意力放在自己身上——集中精力听别的演讲者在讲什么，把你的注意力放在他们身上，这样你就不会过度地恐惧了。

4. 身体调试

释放你的压力，或者使它转移。你可以用以下这些方法：

（1）呼吸。慢慢地吸一口气，尽量长时间地坚持住，然后慢慢地呼出去。重复这样的动作，多做几次。呼吸练习是最古老的一种释放压力的办法。生理学家说，我们可以在呼吸的时候，释放出自己身体里的二氧化碳，减少血液的酸性，而且能够增加大脑的供氧量。

（2）伸展身体。尽量舒展你的身体大约 10 ~ 15 分钟。转动你的头部、用尽量大的力摆动上肢、张开你的嘴巴……这些动作能够减轻你的肌肉疲劳，而且也不需要什么特定的场地。

（3）按摩。按摩你的太阳穴和脖子。当你怯场的时候，这是两个你最容易感到疲劳的地方。

（4）停止你的紧张动作。比如，不要像上面我提到的那位先生那样不停地踱步和自言自语，不要大量地喝水；不管你事实上有多紧张，都要表现出你很平静的样子；让听众感觉你充满了自信。

我非常真诚地希望，我介绍的这些方法能够有效地帮助你克服怯场。

< 任何事情，只要你坚信你会成功，你就应该一直朝它前进，不要顾虑太多。最重要的是，你要拿出你的勇气全力冲过去，如果总是过分地犹豫，你就成不了大事。>

如何发表即席讲话

◎消除自己的胆怯心理。不要对自己寄予过高的期望，听众也不会这样的。相信自己能够说好。

◎不断地练习。练习能够使你明白即席讲话并不困难，而且能让你熟悉类似的环境。

◎随时准备发表讲话。不要等到被别人叫起来说话的时候，才开始想你的话题。

◎万事开头难，想办法平稳地度过开始的时间，你会慢慢地忘记紧张的。

几年前，布鲁克林有一位医生——我们姑且称之为科第斯先生——被邀请参加一次棒球队的聚会。在没有任何心理准备的情况下，他听见主持人说："今晚，有一位医学界的朋友在场，他就是科第斯先生。让我们欢迎他上台给我们谈谈棒球队员的健康问题。"

科第斯医生是研究卫生保健的专家，行医已30多年。照理说他应该胸有成竹才对，但是由于一生中从未作过公开演讲，当看到人们鼓掌的时候，他心跳加快、惊惶失措。所有人都注视着他，他却摇了摇头，表示谢绝。没想到这个举动引来了更热烈的掌声，人们的呼声也越来越大。

科第斯医生十分清楚地知道，如果自己站起来演讲，结果只能是失败。于是他只好站起来，转过身背对着自己的朋友，默不作声地走了出去，陷入了极度难堪之中。

我不知道那些宁愿选择死也不愿发表演讲的人，在毫无准备的情况下听到“请随便讲几句”这样的话时会有什么感想。他们连那些有准备的演讲都不愿意作，在面对这种突如其来的即席讲话的时候，会不会都像科第斯先生一样？

不幸的是，在我们的这个社会里，即使是在一般的休闲场合，我们都会经常被人问及自己对某件事情的看法，随时都有被叫起来讲几句的“危险”。

“如果给我时间好好准备，”你可能会这么说，“再让我站起来讲话，并不是什么难事。但是如果临时被叫起来，我就多半会不知所措。”

不要丧气，这是大部分人都会有的问题。他们在这种时候，都像你或者科第斯先生一样，恨不得马上找个地洞钻进去。不过，你应该明白，我这么说并不是想告诉你即席讲话是人们的死穴——无论我们怎么努力，都不能成功地战胜这个弱点。很多说话高手的确成功地做到了这一点。他们看起来好像永远都准备得非常充分，而不是仓促地站起来。是的，每个智力正常如你我的人，只要运用了正确的方法，通常都能够十分得体地甚至是非常精彩地进行即席讲话。而接下来我将告诉你，怎么样才能做到这一点。

1. 进行针对性的练习

许多年以前，道格拉斯·菲尔班克在《美国杂志》上发表了一篇关于益智游戏的文章。据说查理·卓别林、玛利亚·匹克福和他经常玩这个游戏。

“我们每个人分别写下一个话题，然后把写了字的纸条折起来放在一起。我们当中的一个人在其中随意抽取一个，然后必须站起来讲一分钟。而且，同一个题目从不使用两次……

“非常重要的是，当我们玩过这个游戏后，我们的思维全都变得敏捷了，对于各种各样的话题也有了更多的了解。但更加有用的是，我们学会了在短时间里根据任何题目迅速运用自己的知识和思想进行思考，学会了站立思考。”

我在卡耐基口才训练班上经常使用另外一种方法。我会叫一个班的学员全体行动，让他们按照顺序，承接前一位说话者的话往下说。

比如，一名学员开始精彩地说着一个故事，当他说到关键地方的时候，我突然让他停住，然后叫另外一名学员往下说。

一开始，他们觉得非常困难。我鼓励他们无论自己说得多么糟糕，都应该把它说出来。结果，虽然他们讲得不怎么样，却并没有放弃。事实证明，这样的练习的确很有效——最后他们都不同程度地提高了自己即席讲话的能力。最重要的是，他们觉得即席讲话也不是什么让人为难的事了。

因此，注意多进行针对性的练习——方法当然不止上面提到的这两种——对你会有很大的帮助。像这类的练习多了，当需要即席讲话的时候，你也就能够应付自如了。

2. 随时做好准备

无论是什么场合，我们随时都有被要求说两句的“危险”。如果你同意我的观点，为什么不早早地做好站起来说话的准备呢？如果你正在参加一个会议，你为什么不想一想如果你站起来，应该发表什么样的意见以及怎么发表意见呢？

我班上的学员都具备一种本领，那就是随时都做好了说话的准备。因为他们知道，他们随时都有可能被我叫起来讲话。事实上，正是这种准备使得他们的即兴说话水平变得很高。因此，我给你的建议是，随时都做好准备。

你知道，当你要发表意见的时候，前提是你得对这个问题已经有过自己的思考，并得出了自己的意见。因此，不要对你所参加的会议或宴会漠不关心，而应对与它相关的一些问题进行思考。

3. 马上进行举证

当别人希望你说几句，而你因为各种原因并没有做好准备的时候，你最好立刻对你想要表达的观点进行举证。这种方法可以使你马上进入状态，忘掉暂时的紧张。相对来说，如果一件事情来自于自己的经验，描述起来并不困难，并且一般来说，举证需要花费一点儿时间。

立即进行举证的另外一个好处我已经在前面说过，那就是可以吸引听众的注意力。听众会对这种事例感兴趣的，而且这样也符合他们的节奏。因此，立即举证能使你和听众的关系更加和谐，而这对你很有利。

4. 迅速找到切入点

不管你找没找到合适的例子，你必须迅速找到切入点。也就是说，告诉听众你想要说的究竟是什么。切入点应该从此时此地开始，我的意思是，要针对你的场合和说话对象。讲一些与当时的场合或者听众有关的事情，这样会激起他们的兴趣。

一个很好的例子是，赞美其他演讲者，并且从他们的话题中找到自己想要谈论的东西。我知道，你会用我前面讲过的三种思维方式去做到这一点的。

不要让别人认为你的即席讲话什么都没讲，要明白你正在进行的是即席讲话。人们并不希望你一直讲下去，因为那只是浪费他们的时间。不要像丘吉尔评价他儿子兰道尔夫的性格那样：“他空有一门大炮，却没有多少弹药。”

5. 组织你的讲话

仅仅不着边际地信口开河，把根本不相干的东西扯到一起，这样做的结果只能是失败。但是这似乎是一个很难的问题。因为如果你的很多想法和例子只是乱糟糟的一团，你就很难把它们都表达出来。如果你把你说话的布局都想好了，那么剩下的就只是用你的材料和观点把它填充起来。

我介绍几种常见的布局方式：

（1）纵向布局。按照时间的发展顺序进行排列，或者按照事情发展的因果顺序、逻辑顺序进行排列。

（2）横向布局。谈论几个问题的时候，或者谈论一个问题而打算用几个原因进行说明的时候，可以进行横向布局。这些问题的关系是并列的。

（3）总分布局。对你谈论的东西进行解构，在大的标题下分列若干小标题，这样能够使你清晰、透彻地说明你的意见。你也可以通过提问或提供解决问题的方案进行布局。

（4）递进布局。把你的话题内部的各个层次采取由浅到深、从大到小的顺序排列，这是一种最常见的布局方式。

我相信，如果你能够遵照这些方法的话，即兴讲话也不是多么难的事情。你也许已经看出来了，我强调即兴讲话的准备工作。没错，如果你想要你的即席讲话出色的话，最重要的还是你的平日之功。

<讲话要言之有物，如果正好相反，不但听众不会喜欢你的讲话，而且你也会走向无话可说的境地。要进行适当的布局，良好的布局可以使你的讲话变得更加轻松。>

克服讲话中的6个主要误区

◎明确你的演讲目的。根据你和听众的需要，选择一个你演讲的目的，并努力去达到这个目的。

◎不要背诵演讲词。选用提纲或者提示语的形式，这样才能使你的演讲显得生动、自然。

◎不要给听众过多的信息——除了说明你的问题之外，不要让听众有头痛的感觉。

◎清楚地说明问题。必须清楚地说明问题，这样才能让听众有所收获。

公开讲话是十分重要而且复杂的。演讲者常常顾此失彼，经常会忽视某一个方面的问题。一般来说，演讲者常常会产生以下的问题。我在指出这些误区的同时，也会告诉你们应该怎么做。

第一个误区：演讲目的不明确

一个演讲者将要进行一个题为“汽车安全带”的演讲。我在他演讲之前问了他一个问题：“你为什么要进行这次演讲？”他回答说：“我想让人们了解汽车安全带。”他的这个目的让我很疑惑，因为就大多数人而言，仅仅了解这种知识并没有什么用处。所以，我当时就决定不再继续听他的演讲。

一些人似乎不大清楚自己演讲的目的以及听众需要什么，这给他们的演讲质量带来了很大的不利影响。

我曾经对演讲的目的作过总结，发现演讲的目的不外乎以下4种：

（1）说明一种事情或事物。比如，美国宇航局的人员向人们解释彗星撞木星的影响时，他们并不打算要我们做些什么事情，而仅仅是为了告诉我们这一信息。

（2）说服别人。大部分政治家发表的演讲都含有这种目的。他们希望听众在听完他们的演讲后，能够放弃自己的想法转而支持他们的意见。

（3）增强别人的印象。当亨利·布雷过世的时候，林肯受邀就其一生致悼词。林肯演讲的主要目的就是增强听众的印象。

（4）使人们愉快。如果你为了缓解工人们的压力而发表了一次演说，那么你发表这种演讲的目的就是使人们愉快。在这时候，这是你的唯一目的。

明确自己的演讲想要达到上面所述的哪一种目的，这一点对演讲者来说至关重要。要得出自己的目的，主要应该考虑两个因素，即自己打算展现什么以及听众需要什么。只有将这两者结合起来，才能使你进行一次成功的演讲。

第二个误区：背诵演讲词

不要背诵演讲词。这是许多演讲者极有可能犯的一个严重错误。他们这样做是为了保护自己，免得在听众面前演讲时大脑一片空白而陷入了背诵的陷阱中。我并不想危言耸听，但真实情况是，一旦上了这种心理麻醉的瘾，就会不可救药地持续采取这种浪费时间的准备方式。而也就是它，在很大程度上破坏了演讲的效果。

我已经说过，人一生当中说话一般都是自然流露，从未花过心思去细想言辞。这是因为，人们随时都在想着，等到思想明澈清晰的时候，言语便如同呼吸一样，自然而然地就顺畅起来了。

年轻时的丘吉尔也曾经写讲稿、背讲稿。有一天，当他在英国国会上背诵他的演讲词的时候，思路突然中断，脑海一片空白。他十分尴尬，也感到十分困窘。接着他把上一句重新背了一遍，但还是记不起接下来要说什么。他的脸色变得通红，不得不颓然坐下。从那以后，丘吉尔再也不背演讲词了。众所周知，他最后成为一个伟大的演讲家。

当面对听众时，我们很可能会忘记逐字背诵的演讲词，即使没有忘记，讲起来也一定十分机械化。这是为什么呢？因为它不是发自我们内心，不是出于自然地流露。你想一想，当你在私下说话的时候，你是不是也会这样做呢？当然不是。你总是一心想着我们要说的事，然后就直接说出来了，而绝对不会留心词句。既然你一直都是这么做的，为什么在演讲的时候就要违反自己的本能呢？

许多演讲者都不背讲稿。他们中的成功者常常都是把讲稿扔掉，但却说得更生动、更有效果了。这样做也许会遗忘某几点，说起来也比较散漫，但是起码显得更加有人情味。

林肯说过："我不喜欢听平白的、枯燥无味的演讲。当我听人讲道理时，我喜欢他表现得好像在跟蜜蜂搏斗似的。"和林肯一样，绝大多数的听众都喜欢听一个演讲者在台上自在、随意、激情地演讲，而背诵演讲词的人绝做不到这一点。

第三个误区：信息过于庞杂

很多演讲者喜欢堆砌论据。他们不惜为自己的观点找上无数个事例，以为这样就能够取得很好的效果。虽然收集论据比进行各方面的分析容易得多，但是除非你指出来，否则听众多半不会知道这些论据有什么作用。他们的注意力集中到了这些论据上面，而不是你的观点上。

以上只是演讲者使自己的信息过于庞杂的一个表现。事实上，经常有听众抱怨他们抓不住演讲者的观点。作为演讲者，你的任务应该是对你的观点进行解释，而绝不仅仅是向他们提供许多信息——即使你演讲的目的是说明一种事物，你也应该尽量让你的信息显得有趣。

因此，如果你打算向听众举证的话，就要尽量使这些信息变得简单明了，并且一定要告诉听众它们和你的观点是什么关系。

第四个误区：未说清楚问题

我曾经听过一个演讲，演讲者声称在 1 个小时内要对 30 个问题进行说明。也就是说，他打算平均用 2 分钟去说明一个问题。而据我所知，有时即使用 1 个小时去说明一个问题，也未必能够说清楚。我不知道这样的演讲有什么意义，也许很多人去听他的演讲是出于一种好奇。

我曾经在自己的卡耐基口才训练班上要求学员们用 3 分钟进行一次演讲，结果却一点儿都不理想。只有小部分的人利用这点儿时间对一个问题进行了说明。他们所有的话都围绕着这个问题，因为他们知道这点儿时间仅仅允许他们说出 450 个简短的单词。但是大部分人都希望能够说明尽可能多的问题，想要给这 3 分钟填充进许多东西。结果，最后连他们自己都不知道自己在说什么。

上面所述的做法导致的结果是：没有能够说清楚一个问题。演讲者常常在如何卖弄技巧上用功，却忽视了演讲的作用。听众在他们的演讲中感到很迷惑，因为听众无法清晰地了解一个问题。

因此，最重要的是，务必就一个问题进行充分的说明。不要让听众在耐着性子听完你的演讲之后，却认为自己一无所获。

第五个误区：表现过于做作

我在前面已经讲过，大多数人在演讲的时候，经常忘了自己平常是怎么说话的。当他们意识到自己是在演讲的时候，他们的声音、动作、表情都发生了变化——其实发生变化并不要紧，关键是这种变化是不是一种不利的变化。

声音是你的第一名片，但是很多演讲者经常忽视这一点。他们以为只要把自己的观点表达给了听众就行，声音并不重要。事实上，我们还要考虑听众乐不乐意接受我们的信息——如果你用一种阴阳怪调、极不自然的声音来说话，这种声音本身就足以引起听众的反感。

一般人在平时说话的时候运用很多手势，表现得很有力度，但是当上台演讲的时候，他们要么身体僵硬，要么动作过于夸张。听众好像是在看滑稽表演一样，却忽视了演讲者所要表达的东西。

表情也是一样，把你生动的、自然的表情用到演讲上来。为什么不这样做呢？要知道，有时候传达信息的方式比要传达的内容更加重要。

第六个误区：忽视听众

如果你曾经做过教师，你一定会明白这样一个道理：如果你所说的内容跟学生们没有多少关系的话，他们不会有热情。因为这个原因，许多老师在教学的过程中非常注意这一点，他们尽量使自己所教授的内容与学生们的生活有关。

演讲也是一样的。不要让听众觉得你已经忘记了他们的存在，不要光顾着自己在讲台上表演。你永远不要奢望听众会对你的话题主动产生兴趣，除非你能够让他们知道你的讲话跟他们有关。

你应该通过一系列的方法来达到这个目的—这些方法只是为了打消听众的疑虑而已。准备跟听众有关的话题、采用他们熟悉的方式、让听众觉得你正在关心他们、告诉他们你的演讲将会给他们带来好处、让听众介入到你的演讲当中……这些方法，你都有必要用到。

<尽量使自己的表现自然，把演讲想象成自己平常的讲话。注意你的听众，永远不要忽视听众。>

让听众融入演讲之中

◎选择让听众感兴趣的主题，选择适合他们的方式去演讲。

◎适当地赞美听众，这样能够使听众喜欢你的演讲。

◎缩短和听众之间的距离，消除他们的陌生感和紧张感。

◎保持与听众的互动，借此吸引他们的注意力。

我想我已经说过很多遍演讲者应该随时和听众沟通的话了。的确，我希望你们记住这一点，因为它确实非常重要。下面我将详细地告诉你们，究竟该如何和听众保持联系，从而让他们融入演讲之中。

1. 针对听众的兴趣

我在前面提到过罗素·康维尔博士的那篇《发现自我》的著名演讲。康维尔博士就非常注意针对听众的兴趣发表他的演说。

许多人之所以不能取得演讲的成功，可能是因为没有找到合适的演讲方法，但在大多数情况下，最主要的原因是选错了主题。他们谈论的都是自己感兴趣的东西，而听众却对这些东西没有任何兴趣。

跟康维尔博士一样，曾任美国电影协会会长的艾黎克·钟斯顿先生也非常重视这一点。几乎在他的每一场讲演中，他都使用了这一技巧。比如，他在俄克拉荷马大学的毕业典礼上的演讲中，一开始是这么说的：

“尊敬的各位俄克拉荷马的公民，你们想必都非常熟悉那些习惯于危言耸听的骗子。你们一定会记得，他们曾经拒绝将俄克拉荷马州列入书本，认为这是一种没有任何希望的冒险……”

这种技巧十分高明，当第一句话说出口之后，他与听众的距离立即拉近了。这让听众明白，他的演讲是专门为他们准备的。他所说的事情必然能够吸引听众的注意力，因为他迎合了听众的兴趣。

卡耐基口才训练班上有一名来自费城的名叫哈罗德·杜怀特的学员。在一次由老师和学员们参加的宴会上，他发表了一次成功的演讲。他依次谈论到在座的每一个人，回忆起当初在进卡耐基口才训练班的时候各位同学给他的印象，并且回忆起他们的某一次演讲的情形。他还模仿其中一些同学的动作，夸大他们的特点，结果逗得同学们都开怀大笑。像他这样的演讲是不会失败的，因为每个人对他的演讲都很感兴趣。

这种技巧其实并不难。在演讲之前，不妨先问一下自己能不能帮助听众解决问题，是不是能够达到他们的目的。你甚至可以直接告诉他们这一点。如果你是一个会计师，你可以对听众说：“我将告诉你们该怎么得到一笔可观的退税。”如果你是一个律师，你可以告诉听众：“我将告诉你们如何订立遗嘱。”

你要相信，在你的知识储备中必然有对听众有利的东西，而你也应该选择这样的东西作为你的话题。

2. 赞赏听众

在你的演讲过程中，随时随地地给予听众热情的赞美能够帮助你抓住听众的情绪。不要担心，大多数人都会因为获得得体的赞美而开心的。因为由个体组成的听众，他们也和个人一样，喜欢听到赞美，而不喜欢听到批评。当然，需要注意的是，跟赞美个人一样，你的赞美需得体，而不能过于夸张和肉麻，否则就会收到相反的效果。

更加重要的是，你的赞美必须真诚。如果你对他们说“你们是我见过的最有智慧的听众”，“这里的所有听众都是美女或绅士”，这会显得你是故意这么称赞的，他们听不出一点赞美的诚意来，因此就会一点儿作用也起不到。

3. 缩短和听众的距离

我们在这里所讲的距离主要是指“心理距离”，也就是陌生感。心理学家的研究表明，缩短这种心理距离有助于和他人的沟通。

在实际的演讲之中，最好的办法莫过于指出自己与听众的某种关系。林肯 1858 年在伊利诺伊州南部的一些地方的演说——我们在前面已经引用过了——就巧妙地运用了这个方法。他一开始就利用他的农村出身拉近了和当地农场主之间的距离，从而使他们消除了和自己的紧张的对立感，然后再慢慢地进行说服。

哈罗德·麦克阿兰受邀参加了印第安纳州德堡大学的毕业典礼。他在自己演讲开始的时候，对学生们说：“受到各位的邀请，我深感荣幸。我相信，我之所以受到邀请，主要不是因为我是英国的首相，而是因为我跟诸位有着很深的渊源关系。我的母亲是美国人，她就出生于印第安纳州，而我的父亲则非常骄傲地成为德堡大学的第一届毕业生。我可以向各位保证，我以自己与德堡大学的这种亲密的关系为荣，并且非常高兴能够重温故乡的传统。”

哈罗德的这种自我介绍果然一下子就拉近了他和学生们之间的距离，赢得了他们的友谊。

使用听众的名字，也是缩短和听众之间的距离的一个方法。法兰克·裴斯——通用动力的总裁——曾经在自己的一次演讲中使用过几个听众的名字，结果收到了意想不到的效果。当时，他参加的是纽约“美国生活宗教公司”的年度晚宴。

“对我而言，这是一个非常愉快的夜晚。我的牧师、尊敬的罗伯·艾坡亚先生正坐在我们中间。正是他的言行和指导，使我和我的家庭甚至整个社会都受到了激励和启示。路易·施特劳斯和鲍勃·史蒂文斯也是我尊敬的人。他们对宗教极其热诚，这一点从他们对社会事业的热心可以看出来。另外……”

可以想象，当听众听到自己的名字出现在演讲中的时候，他们无疑会有一种非常亲切的感觉。因此，这也是一种非常有用的方法。但是，当我们提到这些名字的时候，首先应该确认这些名字的正确性，并且必须保证是在用一种友好的方式提到他们。

另一种方法是，在演讲中使用“你”或“你们”这样的称呼。这种方法可以使听众的注意力集中。因为当你使用这些称呼的时候，实际上说明这些事情是针对他们的，所以能够缩短你和听众之间的距离。

在大多数情况下你都可以使用“你”或“你们”这样的称呼，但是有些时候却不可以使用。这种情形包括使用的结果是让听众觉得你在以一种居高临下的姿态教训他们，或者力求划清和他们之间的界限。这时候你可以使用“我们”。

4. 与听众互动

很多演讲者觉得自己和听众之间隔着一堵墙，它阻碍了自己和听众的沟通。推翻这堵墙的最好的办法是，充分地与听众互动。

当你挑选听众协助你展示某个论点的时候，这些听众意识到自己正在参与表演，会特别注意你所说的东西，因此他们的印象会特别深刻。

虽然你挑选的只是一部分听众，但是其他听众会认为被你挑选的那些听众代表的就是他们自己，所以，对这一点你不用担心。

与听众互动的方式有很多。比如，你可以请听众回答问题，或者让听众重复你所说的话。总之，在你实际演讲的过程中，不要放过任何与听众合作的机会。

5. 不要让听众以为你高高在上

让听众融入演讲的一个很大的障碍是，演讲者给听众一种高高在上的感觉。如果演讲者有一种高高在上的感觉——无论是智力、学识还是社会地位上的——即使他并未表现出来，听众也一看便知。因为当你在演讲的时候，你的一举一动、一言一行都暴露了你——包括你的心态。

正因为这样，如果你能够保持谦虚的心态，那么听众就会对你产生一种亲切感，这当然也会更加有利于你的演讲。

正如《现代宗教领袖传》的作者亨利和丹纳·李·戴乐斯在书中评论孔子时说的那样："他拥有许多知识，却从不炫耀；他永远只是包容别人，以自己的同情心设法启迪别人。如果我们也能做到这一点，那么就一定能够打开听众的心扉。"我们也应该这么做。

<让自己保持谦虚的心态，以朋友的身份去赢得听众的信任。>

演讲过程中的应变技巧

◎必须沉着冷静、理智地去想解决问题的方案，这样才不至于错上加错。

◎当忘词的时候，争取时间让自己想起来，或者换别的方案。不要让听众长久地等下去。

◎不要为自己的错误而忐忑不安。最重要的是，告诉听众一个正确的答案，并且不要使它影响到你的演讲。

我曾经听过一个一开始可以说是非常成功的演讲。演讲者的开场十分吸引人，他声情并茂、幽默风趣。当演讲进行了大概30分钟的时候，演讲者突然站在原地一动不动，做出了一个思考的动作。我不得不说，他思考的动作做得十分潇洒——但是它持续得太久了。接下来，听众都开始知道，他忘记了自己想要讲的内容——他手足无措，连连向听众道歉，并且头上也冒出汗来。虽然我们都希望他能够想出来，但是最后，他没有能够再继续往下说，而是满脸通红地走下了讲台。

明明是一次经过苦苦思索、精心准备的演说，本来极有可能取得成功，但是却遇到了这种意外的情况，这让我感到遗憾。是的，像这位先生所遇到的这样的场景经常会出现——由于演讲者没有妥善地进行处理，使它变成了一个演讲的“杀手”。我十分不希望你像他那样——或者说，不像你以前经历过的那样——而是希望你能够从容地进行处理。为此，我将告诉你一些应变技巧。

1. 沉着冷静

美国著名的主持人哈利·范·泽西在年轻的时候，曾经犯过一个十分低级的错误。那时候，他正通过广播向全美国的听众介绍一位著名的人物：“女士们、先生们，接下来为我们演讲的是美利坚合众国总统——胡伯特·西佛，请大家欢迎。”我不知道当时的胡佛总统有什么反应。不过，这种错误并没有给这位主持人造成太大的影响。事实上，他依然被认为是我们最爱戴的主持人。

我想要说的是，即使犯了一个错误，也不会给你带来天大的灾难——天塌不下来，甚至不会有任何较大的影响。就算是最好的演说家，或者各行各业里的杰出人物，他们也都难免会犯错误。如果你犯了错误，最好不要惊慌失措。一句古话说得好：“不做错事的人，是不做事的人。”因此，即使你在演讲中像哈利·范·泽西那样犯了错误，也大可不必那么慌张。告诉自己：冷静下来！慌张并不能解决任何问题，只有先冷静下来，才能采取一定的补救措施。

演讲过程中遇到的意外情况，当然不只是自己忘记了接下来要讲什么，或者说错了一个词。当外来的事情干扰了你的演讲，你也需要冷静。冷静地处理那些冒失鬼或者一些情况，这才是你必须要做的。

我接下来要讲的各种技巧，都是以演讲者的头脑冷静为前提的。

2. 忘词时的应对技巧

在我们演讲的时候，忘词是一个经常遇到的问题。许多人为了避免自己出现这种情况，会把演讲词背得滚瓜烂熟。我相信，这是一个办法，但绝对不是好办法——或者说，是一个防止忘词的好办法，但绝不是演讲的好办法。

我在前面讲过，我们只有脱离演讲词进行演讲，才能进入自然的演讲状态。而且，即使背诵了演讲词，也不能防止你的大脑在演讲的时候会出现“短路”或者“真空”的情况。这时候，由于你只是机械地记住了演讲词，因此一旦忘记，补救是十分困难的。

忘词包括两种情况：一种是忘记一个词或一句话，另一种是忘记接下来要讲什么。这时候，不要像猴子一样急得抓自己的头皮。你必须集中精神，争取在几秒钟之内想起这个词语或接下来要讲什么。在你想的过程中，你需要用一定的动作或语言向听众证明一件事情：你并不是忘词了，而是在想一个更加合适的词语，或者是另有所图——给听众思考的时间、故意停顿以引起听众注意之类。你可以重复一下你前面说的内容。如果你实在想不出来，第一种情况下，考虑用另一个词或另一句话代替，第二种情况下，把你能够想起的另一段先讲出来，然后再慢慢地想你所忘记的内容或者干脆自由发挥——但一定要紧扣主题。总之，不要让听众等得太久，否则他们会失去耐心的。

3. 口误的处理

如果你发现自己说错了某个词或者表达错了某个观点，而你想改正过来，这就需要相当的技巧了。关键是，不要因为口误而影响了演讲的连贯性、完美性与和谐气氛。

直接道歉。几乎所有人都会犯错误，所以听众会原谅你的。但是由于这种方法过于直接，因而可能会影响演讲的连贯性。

继续下一话题。忘记你的口误，装作什么都没有发生，但是在你快要结束的时候，问一问听众是否注意到你犯了一个错误。这就是说告诉听众，这是你在检验他们注意力是否集中。

现场改错。一位演讲家在发生一个口误之后，马上大声地说道："朋友们，难道你们认为是这样吗？"这种方法十分有效。

4. 意外事件的出现

当你在演讲的时候，一位听众匆匆推门进来，手忙脚乱地寻找座位，或者当听众都在聚精会神地听你的演讲时，某人发出了奇怪的声音。这时候，听众的注意力都被这种意外事件吸引住了。意外事件指的是自己不曾预料到的、并非直接由自己导致的事件。它的处理更加需要应变能力。

我无法提供万能的答案，事实上，我在前面已经提到过一些基本的方法。应对突发事件最重要的一点是，把这种意外事件变成对自己演讲有利的事情。

一位演讲者演讲的时候，突然停电了，演讲大厅里一片漆黑。这时候演讲者的声音清晰地传到了听众的耳朵里：“看样子，现在我们不得不在谈论的主题上发一些光。”这句话吸引了听众的注意力，使演讲得以继续进行。

还有我在前面提到的一个故事。有一次，一名国会议员正在发表演讲，听众们则在聚精会神地侧耳倾听。突然，其中一位听众的椅子断了，那人也跌倒在地。这种情况的出现是议员始料未及的，它非常容易分散听众的注意力，从而直接影响到演讲的效果。议员急中生智，提高音量对听众说：“各位现在应该相信，我刚才所说的理由足以压倒一切了吧？”这句话十分精彩，立即赢得了听众热烈的掌声。

< 应对意外事件需要足够高的技巧，原则是化不利为有利。 >

8 种需要避免的开场白

◎让你的主题句成为你的第一句话，这是一个十分强有力的开场方式。它是那些作风强硬、直接的演讲者所采取的方法。

我曾经就演讲艺术请教过很多演讲家，希望他们能够给予一些帮助。前西北大学校长、尊敬的林·哈罗德·胡教授就是给过我帮助的一个人。那一次，我问他在自己漫长的演说生涯中，觉得演讲中什么是最重要的。他稍微思考了一下，然后回答我说：“一段能够吸引听众注意力的开场白，我想是最重要的。”

当年，威尔逊总统在国会上发表演说，针对德国潜艇战发出最后通牒，只不过用了 20 个字，却成功地把人们的注意力吸引住了。这段话是："我有义务向诸位坦白，我国和德国的关系出现了一种全新的情况。"

好的开始是成功的一半。对于一场演讲来说，开场白的作用确实很大。如果把演讲比做飞行，把开场比作飞机的起飞，那么开场的失败就相当于起飞没有成功——虽然有些不同，但是却一样很危险。这真是不幸的事情。虽然每一个演讲者都不希望自己精心准备的演讲被平庸的甚至是非常失败的开场白所破坏，但是并不是所有人都能避免这一点——他们一次次地使自己的飞机在起飞时便坠落，或者经过危险才勉强起飞。

我们希望在开场的时候就能牢牢地抓住听众的注意力，建立和听众之间紧密的、和谐的关系，而不希望相反的情况发生。我们希望听众在听完我们的开场白后说："看来我应该认真地听下去。"如果你也希望这样，那么你需要避免以下 8 种错误的开场白——其中有一些一度被认为是很合适的。

1. 消极否定

这是一种自杀式的开场，这种开场将会使你一无所获，失去的东西则更多。比如，你说："我希望大家听我的演讲不至于是浪费时间，但是我的确没有准备充分……"可能你想通过这种表白求得听众的谅解，因为你"的确没有准备充分"。但是事实上你不但在自我否定，而且也在否定下面的听众，因为听众会认为你想表达的意思是："你们一点都不重要。"

吉普林的一首诗的第一句话是："继续下去，将会是毫无意义的。"这正好可以说明这种开场的后果。

2. 道歉

除非你一不小心碰倒了讲台或者按灭了演讲大厅的灯，否则你不需要道歉。听众不希望听到你的借口或道歉，即使他们没有表现出来。你没有必要浪费听众的时间，本来他们是怀着很大的热情来听你的演讲的，不要一开始就带给他们不幸的消息。

的确，你为自己可能存在的一些问题而感到不安，这是很自然的事情，但是你没有必要在一开始就讲出来。你说："很抱歉，我将只能简单地为大家讲几句，因为我的时间很紧。"这明明就是表明了你是个以自我为中心的家伙。难道听众没有资格站在这里听你演讲吗？或者你说："很抱歉大家看到的不是原来那个演讲者，而是我。"你认为这对听众有用吗？

3. 提到专业词汇

不要在一开始的时候就用那些古怪、陌生的词语来吓唬听众，他们的兴趣会很快被你吓跑的。你没有必要这样开场，好像显得你学问丰富、高深莫测一样。这样的开场白还不如没有开场白。

4. 开玩笑

有些喜剧演员说："去死很容易，但是要演好喜剧却很难。"的确，要制造幽默很困难，尤其是当需要这种幽默跟你的演讲有关的时候。有时候，将幽默作为开场白有点儿像是一个成功率极低的赌注——我提倡冒险，但是我坚决反对赌博。

但是有无数的演讲者都喜欢用幽默作为演讲的开场白，好像除了这个方法之外再没有其他的选择一样。那些成功把听众逗乐的人，表面上看起来好像很受听众欢迎，事实上却并非如此，因为听众就好像是在看一场滑稽剧一样，看完之后就忘记它的内容和表演者了。可以借用哈姆雷特的一句名言来评价这种开场白："不新鲜的、陈旧的、平凡的而且是毫无益处的。"

5. 讲这个主题很艰难

不要对听众说："对这个主题我感到力不从心……"难道是你害怕你的演讲中有错误，会被权威笑话吗？既然你已经选择了这个主题，那么它就一定是你所熟悉的——除非你的演讲稿是别人替你准备的。

你的这些话会明显地影响你演讲的说服力。既然你选择了这个主题，就应该信心满满地告诉听众，就你所演讲的主题而言，你就是权威。而如果听众认为你发表的只是你个人的意见，又怎么会介意你犯错误呢？

6. 对听众区别对待

有的演讲者一开始总要特别提及那些坐在台下的重要人物，比如政府官员、学术权威，或者德高望重的人。我并不反对提到他们，但是千万不要让别的听众以为自己被轻视了。千万不要区别对待听众，否则你失去的将是大部分人对演讲的兴趣。告诉他们，他们全部都是重要人物，你将会并且已经注意到他们了。

7. 陈词滥调

不要以那种时髦、低俗的话作为你的开场白，那样只会使听众失望和厌烦，要尽量给听众新的感觉。做到这一点并不难，只是需要花点儿心思罢了。

8. 告诉听众你是被迫的

当你是被迫做某件事情的时候，你一般做不好，或者本来可以做得更好却没有做好。这个道理很多人都懂，但是演讲者的确常常在一开始的时候就告诉听众他是被迫来发表这个演讲的。这容易让听众产生无谓的联想，比如好像你会谈点儿别的什么。更加重要的是，这句话表现出你很无奈、消极。在这种情况下，让听众对你所说的东西感兴趣是十分困难的。

直接告诉他们你将告诉他们什么东西、他们将获得什么东西，以及你的演讲对他们有什么用处，听众会对你的演讲表现出很大兴趣的。

<制造悬念可以让你一开始就引起听众的好奇，深深地吸引住他们的注意力，这对你的演讲的成功是十分有益处的。>

8 种应该避免的结论

◎在你的结论中加入幽默的成分，这会加深听众的印象。乔治·科哈恩说："在和别人说再见的时候，让他们脸上带着笑容。"如果你能够做到这一点，证明你已经相当成功了。

我曾经对工业家乔治·福·詹森做过一次访问。那天，当我到达他的办公室的时候，他对我说："你来得正是时候，我马上要进行一次演讲。你看，我现在已经准备好它的结尾了。"

"对一个演讲者来说，"我说，"能够预先在头脑中有清晰的思路，这的确是很好的。"

"噢，"他说，"我现在才开始准备它的结尾，我头脑里还没有完全清晰的思路，刚刚有了笼统的概念和结尾的方式。"

詹森先生并不是一个专业演讲家，他只是依照自己的经验进行了许多成功的演讲。他已经认识到了结尾对一个演讲来说非常重要，并且认识到需要合情合理地进行推理，最后得出结论。

在戏院里，人们评判演员水平高低的一个简单方法是，看他们的进场及出场。演讲也是如此。如果一个演讲的开头和结尾都很糟糕，可以断定这不会是一个出色的演讲；而如果演讲的开头和结尾都很出色，那么这绝不会是一个糟糕的演讲。结论可以说是演讲最重要的一部分。当演讲者结束演讲后，他所说的最后几句话可能还停留在听众的脑海中，这些话将会被听众长久地记住。

如果说开场白是飞行的起飞的话，那么结论就是飞行的降落。我这么说并非耸人听闻。演讲者常常在结尾中犯这样那样的错误，使自己的演讲像飞机一样在“降落”时“失事”。我希望你能够做到“平稳降落”。为了做到这一点，你需要避免以下 8 种错误的结尾方式：

1. 不是结论的结论

有些演讲者常常在演讲结束时说：“对于这件事，我只能说这么多了。”他们常常释放烟幕弹，比如说：“谢谢诸位。”无疑，他们想遮掩自己不会做结论的事实。如果你打算结束自己的演讲，为什么不马上坐下来，却说“我讲完了”之类的话呢？

2. 没有结论

有些演讲者常常结束不了自己的演讲。他们就像一次没有规划的旅行的导游一样，引领听众进入一个又一个的景观，而且对每个景观都进行了详细的描述，但是却不知道该怎么结束旅行。只有等天黑了的时候，他才意识到应该结束了。他的演讲没有任何结论性的语言，但是这丝毫不影响他匆匆地结束自己的演讲。

3. 急刹车般的结论

有些演讲者结束得过于迅速——当听众还沉浸在他的演讲之中，并且准备听他继续说下去的时候，他就匆匆地结束了演讲。“这就结束了吗？”听众会产生这样的疑问。这就像汽车还没有到达目的地就抛了锚一样令人不愉快。这种结论没有任何的过渡，在听众刚开始感到愉快的时候，就突然“踩了急刹车”，听众甚至不明白这个结论是怎么来的。想象一下，如果你正在跟对方谈论，对方却突然冲了出去，什么话也没有说，你会有什么感觉？

4. 没有任何要求

那些成功的演讲者常常会在演讲的结尾提出自己的要求，希望听众能够满足他的要求。开场的时候，你告诉听众你能够给他们什么；结束的时候，告诉听众你想要得到什么。这是一种很自然的方式，听众一般都不会拒绝。

5. 过长的结论

一些演讲者的总结比他对主要观点的论述还要多，我很惊讶他们是怎么做到这一点的。要知道，所谓的结论只是对前面所说的话的概括，而不是展开另一番论述。当你表示打算结束自己的演讲的时候，却突然来了这么一手，这好像是在欺骗听众。听众不得不强打起精神，来听你的第二次演讲，而且是关于同一个主题的。不要相信你的听众会给你这样的机会，也许在你做结论的时候，听众就会一个接着一个地离开他们的座位。

6. 重复的结论

当听众不耐烦地说“又来了”的时候，你千万要小心。要确保你的结论并没有与前面说过的话雷同，更不要照抄自己前面说过的话。这种结论没有任何好处，只会使听众更加厌烦。

7. 无法肯定的结论

许多演讲者为了引发听众的另一番思考，会在结论中提出一些问题。我并不反对提问题，关键是看提哪些方面的问题。如果你对听众说：“你们可以看我说得对不对”，这样的提问无异于自杀。另一种错误的结论方式是，你说：“我前面说的不一定全都正确。”这种对自己表达的主要观点不确定的话最好不要讲，因为这就好像听众费了很大的劲儿听完你的演讲，结果演讲却只是胡说八道一样。

8. 虎头蛇尾

不要给听众头重脚轻的感觉。你的开场白给听众一种规模宏大的感觉，但是最后却草草收尾，这似乎表明通过自己的演讲，你对自己的观点产生了怀疑，或者你已经不耐烦继续说下去了。当然也许你的结尾本身并不简单，但是相对于开头来说却显得过于寒碜。也就是说，你必须做到前后一致、整体协调。

你甚至可以想办法在做结论时达到你演讲的高潮，虽然这样做的确有些冒险。因为如前所述，结尾应该是让听众记忆最深刻的部分。

< 在你的结论中，做好与开场的呼应。这样做能够显得你有始有终，并且使你的演讲十分紧凑。>

如何处理提问

◎做好充分的思想准备，预测你可能会遇到的问题。

◎有效地控制提问者和提问，不要丧失演讲的主导权。

◎保持诚恳、谦虚的态度，对提问者的问题严肃认真地进行处理。

爱因斯坦在美国的许多著名大学作过很多次演讲。他的司机有一天对他说："教授，你的演讲我已经听过很多遍了。我想我都能进行这个演讲了。"爱因斯坦说："那好，今天晚上就由你来替我演讲。"

于是，在演讲的时候，那位司机被介绍是爱因斯坦。意外的是，这位司机讲得没有任何差错，并且连动作和神态都很像爱因斯坦。但是在演讲过程中，一位学者向司机提了一个问题，这位司机没有办法回答出来，于是他急中生智地说：“你这个问题简直太简单了，我想，就由我的司机来回答你好了。”

这虽然是一个不大可信的故事，但是却说明了一个道理，那就是在演讲的过程中，回答提问往往是让演讲者最头疼的问题。的确，事实正如我所了解的大多数情况那样，即使是出色的演讲者，在被提问的时候都会感到紧张。

因此，如何处理提问是一件很重要的事情。一个比较夸张的说法是，如果你无法回答提问，你甚至可能被怀疑用别人的演讲稿发表了一次精彩的演讲——你会被怀疑是冒牌货。

当然，更加常见的情景是，演讲者常常在演讲的过程中败下阵来——因为他们没有很好地处理提问而影响了整个演讲。

不幸的是，我们没有办法逃避提问的考验，而且我们也不像那位司机一样有像爱因斯坦一样的“司机”来替我们回答问题。因此，我们只能勇敢地面对，而我将就这个问题给你一些建议。

1. 不要对提问产生恐惧

千万不要对提问产生恐惧。我们在前面已经探讨过恐惧的根源，那就是对未来的不确定。如果你允许提问者提问，那么同时你也是在接受一种危险的考验，因为提问者会问出各种各样的问题。这些问题有的你曾经考虑过，但是也必然有一些你没有考虑过。一句话：你害怕，是因为你已经丧失了主动权。

接受提问是为了解决听众的疑问，使演讲有更好的效果。它是演讲的一部分，或者是演讲本身的延伸——这一点也许并不吸引你。更加有诱惑力的是，当你冒风险的时候，同时也会有很多收获。说话是一种冒险，你应该还记得我说过的这句话。如果你能够精彩地回答听众的提问，那么它一定会为你的演讲增添不少的光彩。即使你的演讲本身不是特别出色，你也可以通过精彩的对提问的回答来加以弥补。

实际上，如果你对自己演讲的内容足够熟悉的话，那么就基本上不会存在什么问题。至于丧失的主动权，在一定程度上仍然能够由自己掌握。这一点我将在下面谈到。

2. 做好充分的准备

众所周知，如果能够预先知道问题，是最好不过的了。因此，我们必须先预测提问者可能会产生哪些疑问。运用你的知识，充分地考虑演讲和听众，看看听众可能会提出什么问题，然后就这些问题进行深入的思考。你甚至可以找一位思辨能力较强的朋友来对你的演讲提出疑问。我们虽然不能做到万无一失，但是至少应该尽可能把准备工作做好。

做好最坏的打算。要想到听众可能会提到某一个你不曾考虑的或者刁钻的问题，也要考虑将如何对这些问题进行处理。考虑对这些问题是进行转移还是说："对不起，这个问题我还没有认真考虑过。回去我会认真考虑的。"当然，还是尽量使这种情况少出现为妙。

3. 有效地控制提问

演讲一开始，你就应该使自己处在话语的主导地位。必须承认，在听众提问的时候，他们事实上已经掌握了话语的主动权——即使是暂时的。但是，这并不意味着对此你无能为力，你必须尽你最大的努力去约束提问者和控制他们的提问。

一般而言，经过充分准备和深入思考的演讲者，能够就合理的提问给出正确的答案。不幸的是，那些提问者可能会问不合理的问题。所以，你开始应该说："现在，我将回答你们的一切合理的问题。"必须强调“合理”这个关键词。你没有必要也不可能回答那些与你的主题没有关系的问题。如果你对那些刁钻古怪的问题——即使你知道答案——都进行了回答，这说明你已经丧失了主导权。

在你演讲一开始的时候就告诉听众，你准备将问答环节放在什么时候。不要给听众过多的提问时间或随时发问的机会，这对你会很不利。

不要给一个或者一小部分人过长的时间，这样其他想提问的听众就会失去机会，你应该尽可能地照顾到你的所有听众。

不要让提问者发表长篇的演讲，当听众准备长篇累牍地引用或者陈述自己的疑问的时候，要想办法打断他们，对他们说“那么，你的问题是……”

4. 处理问题

我在前面已经就在一般情况下如何对问题做出回答详细地进行了说明，这些方法在演讲中回答问题时当然可以继续用到。

在这里，我只就演讲中回答提问的几个要点谈一谈。

仔细倾听提问者的提问，并且尽可能发掘他们的真实意图。有的提问者并不能够——不是他们不想——把自己的疑问明白无误地表达出来，这可能正是他们会产生疑问的原因之所在。你可以这么想：“他其实是想问……”

向提问者复述他的问题，以确定你并没有理解错。对于那些含糊不清的提问，要求提问者解释清楚；而对那些错误的问题，要礼貌地指出来。

利用时间构思你的答案。如果这个问题是你事先已经想到的，也不要急于回答，这样才能显出你确实在认真思考提问者的问题。对回答进行构思应该注意以下 3 个问题：

（1）让答案尽可能简单。不要让自己发表第二次演讲，点到为止，不要再进行毫无节制的发挥。

（2）不要回避问题。如果你想给人诚恳的感觉的话，不要表面上好像在回答，实际上却在回避问题。当然，那些质问者的问题除外，因为听众知道他们对你极不礼貌。

（3）在答案中提及你说过的内容。你所谓的“合理”应该指的是与主题有关。在回答问题的时候，尽量提到你的演讲的内容，这样可以加深听众的印象。

5. 注意态度

在你倾听对方提问或者回答问题的时候，必须注意你的举止。尽量保持真诚的态度，不要显得心不在焉。鼓励那些紧张的提问者，夸奖那些提出很好的问题的提问者。即使听众提出了一个很简单或很愚蠢的问题，也不要表露出来。在回答问题的过程中，尽量给人一种严肃认真、谦虚谨慎的印象。

6. 面对质问者

许多演讲者的噩梦并不是像前面所述的那些情况，而是被质问者打断。这些质问者并不像那些提问者，提问者是为了自己能够得到更加清楚的答案，而质问者只是为了使演讲者难堪。这个时候你应该抓住机会更好地表现自己，正是这些质问者提供给了你这样的机会——你在反驳他们的同时，有可能使听众对你的演说印象更加深刻。关键在于，你必须用反驳维护自己的意见，而不是让它对你的演讲产生不利的影响。

<冷静、恰当地处理问题，使自己的回答符合演讲的气氛。>

第六章

有效沟通的艺术

从双方投机的话题谈起

◎双方投机的话题意味着不仅双方感兴趣，而且至少表面上意见一致。你不能选择只是自己感兴趣的话题，也不要选择让你们产生分歧的话题。

◎在你面对对你来说十分重要的对象时，你需要提前了解他对什么感兴趣、是什么意见；而如果你没有时间这么做，你可以用试探性的话引导他自己说出来。

这一章中我们来讨论关于沟通的话题。首先摆在我们面前的问题是：谁需要学会沟通？在这个高速发展、人和人联系越来越紧密的时代，对这个问题最好的回答是："有谁不需要学会沟通？"

的确，现代社会已经把每个人都融入与他人的关系中去了，人人都需要与他人沟通。如果你想要别人了解你的想法或者你想要了解别人的想法，如果你想要别人愉快地跟你交谈，如果你想要说服别人，如果你想要赢得与别人合作的机会，你就要学会如何和他人沟通。

说话中的听和说是最直接和最有效的沟通方式，但是沟通方式并不仅仅包括听和说。当然，只有综合运用这些方式，才能实现有效的、高效的沟通。

我每年夏天都要去缅因州的河里钓鱼。我个人很喜欢吃奶油和草莓，但是我并不因此而把奶油和草莓当作钓鱼的诱饵，而是用鱼儿喜欢吃的虫子和蚱蜢。道理显而易见：鱼儿跟我并不一样，它们不喜欢奶油和草莓。

聪明的人往往也用这个方法来处理问题。有一天，爱默生和他的儿子想把一头小牛弄进牛棚。爱默生用力拉，儿子用力推，但是小牛就是不肯进去，因为它更加喜欢牛棚外面鲜美的草。一位爱尔兰农妇见到这种情形，就把自己富有母性的指头伸进小牛的嘴里，让它感觉到自己在吮吸母牛的乳头。于是，它一面吮吸，一面跟着农妇进了牛棚。

这位农妇不会像爱默生那样写散文，但是她却更加懂得小牛需要什么，因而能够轻易地解决这个难题。在第一次世界大战期间，英国首相劳埃德·乔治也用这种方法来处理人际关系。那时候，一些战时的要人，像威尔逊、奥兰多、克里孟梭等都已经在人们的心目中褪色了，唯有乔治还能够占据重要的领导地位。乔治说，如果一定要用一个原因来解释的话，那就是他每次在钓鱼之前，都是首先问鱼儿喜欢吃什么。

不错，每个人都有自己的需要。你认为这很幼稚、很荒唐吗？事实上，除了你自己，你不会对任何人、任何事感兴趣。因此，总是和对方谈论你想要的东西，或自己感兴趣的事情，这是极为不明智的。

你感兴趣的是你自己的需要，但是如果你想赢得他人的欢心、改善与他人的关系，你就首先要问对方需要什么，看看对方对什么感兴趣。

当然，从对方感兴趣的话题入手，还有一个问题需要解决，那就是，如果你自己对这个问题不感兴趣或者不同意对方的意见怎么办？要知道那样会很容易引起争执。所以，我们在一开始谈话的时候，不但要注意选择的这个话题应是两个人都感兴趣的，而且还要是双方持有相同意见的。即使你对这个话题并不感兴趣，也至少应该表现出你很感兴趣的样子；假如你对这个问题有不同的看法，你也需要把它藏在心里，不要把它说出来。

从双方投机的话题谈起，这样做会有很好的效果。耶鲁大学已经过世的教授菲尔普在小时候就曾经有过这样的经历。8岁时候的一天，他到他的姑妈家串门。晚上，一位中年人也到姑妈家来做客。打完招呼之后，那位先生立即把注意力集中到了他身上。那时候，菲尔普对帆船十分感兴趣，而那位中年人恰好也跟菲尔普有相同的爱好，并且跟他一样，也认为西班牙的帆船是全世界最好的帆船。于是，两个人非常高兴地谈论了许多关于帆船的知识。客人走后，菲尔普依旧十分激动，他兴奋地对姑妈说："这个人真有趣，居然对帆船有这么大的兴趣。"

但是姑妈说的话却让他大吃一惊。姑妈告诉菲尔普，其实那位客人是个律师，而且他本来对帆船毫无兴趣。

"那么，"菲尔普不解地问道，"他为什么跟我谈了这么多关于帆船的话题呢？"

"他是一位绅士，"姑妈说，"是一个很有修养的人。他知道谈论让对方感兴趣的事情并且跟对方取得一致的意见，能够使对方感到愉悦，也能够使自己受到欢迎。"

由此可见，即使你是装着对某一个话题很感兴趣，并且跟对方是一样的意见，这对你的社交也是有很大的帮助的，更不用说你真的如此了。

杜甫洛是一个面包公司的老板，他一直在想办法将自己公司的面包卖给一家大酒店，因为这家酒店不但需求量很大，而且在业内很有影响，可以为他们树立一个很好的口碑。4 年以来，公司的销售代表差不多每个星期都去拜访一次这家酒店的总经理，而且租用酒店的房间，但是这些措施都失败了。杜甫洛决定改变一下策略。

他搜集到了这家酒店总经理的许多资料，他惊奇地发现这位总经理原来是美国酒店业协会的会员，而且因为热衷于该协会的活动，成了该协会的会长。而杜甫洛本来就对酒店业有着十分浓厚的兴趣，并且一度想要加入酒店业协会。

这一次，杜甫洛亲自拜访酒店总经理的时候，就以酒店业协会为话题开始了他们的谈话。果然，这位总经理对这个话题十分感兴趣，兴致盎然地跟杜甫洛谈了半个小时。这场谈话无疑使总经理非常高兴。在杜甫洛离开的时候，总经理邀请他加入酒店业协会，杜甫洛则愉快地接受了他的邀请。

在谈话中，杜甫洛并没有向他提起关于面包的事情。但是，几天之后，酒店的一位分部经理打来电话，要杜甫洛把面包的样品和价格表拿到酒店去。

“我不知道你们对总经理用了什么高招儿，”那位经理说，“不过，你们确实已经成功了。”

在一开始的时候，从双方投机的话题谈起，不仅能够打开话题，而且会使对方消除紧张和戒备心理。如果你能够和对方取得一致的意见，对方就会慢慢地接受你，进而接纳你的意见，增进和你的亲密关系。而如果你选取的只是你自己感兴趣的事情，或者是一个有可能存在较大分歧的话题，那么，你们的谈话就会变得十分糟糕。

<不要使对方一开始就和你意见不一致。心理学家告诉我们，这会给你的谈话带来十分不利的影响。>

善于倾听别人说话

◎不要认为倾听别人的谈话是一件很无聊的事情。事实上，正是因为倾听，我们才得以了解别人的想法，才能学到别人的经验和知识，使自己得以进步。这不是一件两全其美的事情吗？

◎如果你需要向对方提出不同的意见，最好是等对方说完之后用恰当的方法说出来。不要在他谈意正浓的时候打断他。

◎如果你想要别人讨厌你，最简单的方法就是永远不倾听别人说话，一见面就滔滔不绝地谈论自己；当对方说话的时候，立即打断他，改由自己来演说。

我们每个人都最关心自己，这是人的本性。我们都非常喜欢讲述自己的故事，也喜欢听到与自己有关的东西。在这种心理影响之下，我们总喜欢独自滔滔不绝，完全不顾对方的感受，或者当别人说话的时候心不在焉，根本不去关心对方讲的是什么。即使是看起来沉默寡言的人，他们也很喜欢谈论自己。这种做法是跟别人交谈时最大的忌讳。如果你想要成为一个受欢迎的人，那么就要学会倾听，要鼓励别人多谈自己；当别人要告诉你一些东西的时候，要认真地倾听。这

样，他会认为你是一个明智、领悟力强，并且很有同情心的人。

一次，我参加了一个纽约出版商组织的宴会。在宴会上，我碰到了一位很著名的自然科学家。以前，我从未和这类科学家谈过话，但是跟他谈话之后，我觉得他所说的话颇有吸引力。他和我讲了大麻、布置室内花园和关于马铃薯的一些我以前从未听过的、令人难以置信的知识。当我提到我有个室内花园时，他马上告诉我应该怎样解决室内花园里经常遇到的一些问题。

这次宴会上，我因为一直在倾听这位自然科学家的话，因此忽略了其他的客人。难以置信的是，我们谈了几个小时。在宴会结束的时候，那位科学家语气坚定地对主人说："卡耐基先生真是一位出色的演说家，他是我见过的最有魅力的一位。"

事实上，那个晚上，我自始至终都没有说几句话，而是大部分时间在听他说话。所以他对主人说的那句话让我百思不得其解。最后我得出一个结论：倾听是适合任何人的、最好的恭维和尊重。

在古老的东方，充满智慧的中国人用下面这个故事告诉了我们倾听的价值：

一个小国给中国的皇帝供奉了 3 个一模一样的金人，皇帝非常高兴。但是使者也给皇帝和大臣们出了一道难题，那就是：判断出这 3 个金人哪个最有价值。这让皇帝和大臣们十分为难。他们想了很多办法，请来珠宝匠称重量、看做工，用尽了各种办法，但是却发现 3 个金人是一模一样的。

皇帝和大臣们束手无策，于是把这个难题公布到全国各地。皇帝答应，答出来的人将得到重赏。终于，有一位隐居的智者说，如果能让他见到 3 个金人的话，他就有办法解决这个难题。

皇帝将信将疑地把智者和使者请到宫殿。智者仔细地看了看 3 个金人，发现每个金人的耳朵里都有1个小孔。于是他拿出3根纤细的铜丝，从金人的耳朵里穿了进去。

结果，插入第1个金人耳朵的铜丝从另外一个耳朵出来了；插入第2个金人耳朵的铜丝从它的嘴巴出来了；只有插入第3个金人耳朵的铜丝掉进了肚子里。于是，智者告诉皇帝说："第3个金人最有价值。"那位使者连连点头称是。

这则故事告诉我们，最有价值的人，既不是听到什么就左耳朵进右耳朵出的人，也不是听到什么就从嘴巴里说出来的人，而是那个把话放在自己心里的人。心理学家也告诉我们，倾听的价值就是了解对方的心理，使人和人之间形成一种良好的互动关系。有人说："上帝给了我们一个嘴巴，却给了我们两个耳朵，那就是用来听别人说话的。"这种说法虽然过于夸张，但是的确很有道理。

多年前，从荷兰来到美国的巴克非常贫穷。在13岁的时候，巴克就不得不离开学校去当童工。他的工作十分繁重，工作时间很长，并且每周只能得到6.5美元。但是巴克从未放弃学习，而是用省吃俭用节省下来的钱买了一本《美国名人传全书》。他抓紧时间读完这本书后，写信给这本书上的名人，请他们说说童年生活中的一些事情。

14岁的巴克是一个善于倾听的人。他鼓励名人讲述自己的童年，并把它们记了下来。他请过爱默生讲述自己的童年；格雷将军给了巴克一张地图，并且邀请他一起吃饭，和他谈了一整夜；他还询问过当时正在参选总统的加菲大将，问他是否在运河上做过童工。他把这些资料整理起来，并且成为这些名人的座上宾客。同时，他吸取了这些名人成功的经验，最后终于也走向了成功。

面对那些激烈的批评者，我们最需要做的就是忍耐和沉默——这并不是一件容易做到的事情，但这也正是成功者和失败者的区别。

纽约电话公司最近遇到了一个麻烦，一位顾客毫无理智地大骂公司的接线员，并且拒绝缴纳电话费。他向媒体写信，恶毒地攻击电话公司，最后还向公众服务会投诉。电话公司不想惹这样的麻烦，于是派了一个说客拜访这位顾客。那位说客后来对我说：

“我第 1 次去的时候，那位老先生说了 3 个小时。以后每次去，我都只带耳朵不带嘴巴。我先后去了 4 次。第 4 次去的时候，我圆满地解决了这个问题。他向我们道了歉，答应撤销诉讼，并且缴纳了电话费。”

这说明了什么？那位顾客可能并非真的愿意跟电话公司作对，而是想要得到一种被尊重的感觉。当那位高明的说客满足了他这个要求后，他就立刻不再为难公司了。

享有“世界第一保险推销员”美誉的哈默里，是做保险生意获得成功的第一人。他成功的秘诀就是真诚地倾听客户的谈话。一般情况下，他同客户谈话的时候，往往主要是做一个善于倾听的人；而当客户沉默寡言的时候，他就会想办法提出各种各样的问题，鼓励对方说话。哈默里就是用这样的方法，使自己在一年之内做成了几千万美元的保险业务。

摄影记者伊斯阿克·麦克逊采访过世界各地的许多名人，他成功的方法也是善于倾听。他说：“人们之所以不能给别人留下很好的印象，就是因为不善于倾听。我们只关心自己要说些什么，而从来不会等对方把话讲完。许多名人都曾告诉我，他们喜欢的是那些善于倾听别人说话的人。倾听别人谈话的习惯，跟优秀的品格一样重要。”

你在认真倾听的时候，最好能让对方知道这一点。这不但能够鼓励对方继续说下去，而且也能够使自己更容易集中精力。你可以通过以下这些方法来做到这一点：

1. 进行目光交流

在倾听别人说话的时候，你的眼睛最好能够注视他。无论你的地位和身份如何，你都必须这么做，因为只有那些傲慢、轻浮、缺乏勇气的人才不去正视别人。

2. 用语言配合对方

你可以简单地说“是”“太好了”“真的吗”这样的表示你的态度的话，你也可以问一些问题，以鼓励对方继续往下说。这些都表明你对对方的谈话很用心。但是，千万不要把别人说话的机会抢过来，除非对方已经说完了。

不要随便纠正别人的错误，因为你不能保证对方说的一定是错的；即使他错了，你的纠正也可能会使他难堪，从而失去谈话的兴致。如果过激的话，你们还可能会争执起来。这样的话，谈话就更没有办法继续下去了。

3. 用肢体语言示意

在和对方说话的过程中，不要让对方以为你已经睡着了。微微地点一下头，或者欠一下身子，好像你要更加仔细地听他说话一样。但是千万不要动作过大，这会使对方认为你在故意捣乱，或者至少分散了对方的注意力。

4. 重复重点词句

比如，对方在说“尼亚加拉大瀑布很美”的时候，你可以说“确实很美”之类的话。这样，不仅让对方知道你在听，而且也说明你知道他要表达的是什么意思。

5. 对要点进行解释

很多说话者担心对方没有听懂他的意思。因此，你要对要点进行适当的解释，借此来说明说话者已经把话说得很清楚，你已经明白他说话的意思了。

关心自己确实是人的天性，但是同时我们也应该关心别人。哥伦比亚大学的彼得博士说："只为自己着想的人，是不可救药的教育缺乏者。"

<倾听是最好的恭维——记住这句话将使你受到人们的欢迎。>

关注肢体语言

◎在你说话的时候，注意运用你的肢体语言——实际上，在一般情况下，你会很自觉地使用肢体语言的。有时候，肢体语言传达的信息比口头语言还多。

◎同一类型的肢体语言不可使用得过多，这会带来不利的影响。

在你说话的时候，你的形体应该有也一定会有活动和变化，构成不同的姿态和动作，从而表示不同的含义。

你的姿态和动作就是感情的语言，正如我们在前面说过的那样，这些肢体语言有着十分重要的作用。

当你面对听众的时候，挺直腰部反映出你情绪高昂、充满自信；凸出腹部，表示自己感到满足；在说话之前解开上衣，如果不是因为天气太热的话，那么就表示你镇定自若；耸肩，配合摇头和双手动作，则表示你很疑惑。就头部动作而言：抬头表示你在遐想，当然，也可以说明你很傲慢；点头表示欣喜、同意、致意等；摇头表示否定；侧头表示疑问……

早在两千年前就有一位古罗马的政治家说过："一切心理活动都随着手脚等动作的变化而改变。人的面部表情尤其丰富。手势恰如人体的一种语言，这种语言连最野蛮的人都能理解。"一个没有学过英语的中国人到了美国后，与一群聋哑儿童不期而遇，居然能用手语跟他们交流。这个中国人事后说："用手势跟他们交流，比专门去学英语方便、简单得多！"而罗斯福在演讲的时候，他的身体就好像变成了一架表现感情的机器。

1. 表情

当你和一个陌生人见面的时候，对方伸出他的手来和你握手，在这一瞬间你感觉到的是他的整体形象。你可以看到他潇洒的气度、高雅的气质、得体的打扮等。之后，你会自觉或者不自觉地把你所有的注意力都放在他脸上，这并不是因为对方的脸特别吸引你，而是因为面部表情是一个人的感情的晴雨表，你可以从他的脸上读出他的各种心理活动。

如果你想和对方建立一种深入的关系，在你们的谈话中，你必须掌握他的脸上所表现出来的情绪。

下面举出一些常见的面部表情所表示的情绪：

眉毛上抛、嘴角向下、口张开、瞳孔放大，表示的是有兴趣、快乐、高兴、幸福等积极的表情；

视角斜下、眉毛放平或者抬起面颊，表示蔑视、嘲笑的表情；

皱眉、眯眼、张嘴、嘴角下拉，表示痛苦等表情；

眼睛睁大、眉毛倒竖、嘴巴拉开等，表示发怒、生气的表情；

眉毛高扬、眼睛和口张开、吐气等，表示惊愕和恐惧的表情。

我们在前面已经说过，微笑是最常用到的一种面部表情。我们通常在表示下列情绪的时候，用到微笑这种表情：

赞美或歌颂对方时；

鼓励对方时；

肯定或否定对方时；

其他与微笑不相冲突的时候（也就是说，应该常常使你的脸上带着笑容，除了那些不该笑的时候）。

2. 首语

首语就是用头部的活动来向对方传递信息，最常见的就是点头、摇头、侧头、昂头以及低头。

点头主要表示同意、致意、承认、感谢、应允等意思；摇头则正好相反，它主要表示的是否定的意思；侧头可表示天真、思考等信息；昂头表示充满信心、胜利在握等意思；低头则表示顺从、委屈等意思，有时也可以理解为另有想法。

3. 眼神

心理学研究表明，人们在接受信息的过程中，眼睛所吸收的信息量大约占总信息量的 80%。眼神能够把人们的心理状态、思想情绪、品德、学识和兴趣在一定程度上表现出来。人们内心的所有活动，都会自觉或者不自觉地通过眼神流露出来，这双小小的眼睛凝聚着一个人的气质、神韵。诺贝尔文学奖获得者、印度诗人泰戈尔说："一旦学会了眼睛的语言，表情的变化就将是无穷无尽的。"

在你与他人的交谈中，眼神的运用是最丰富多彩的。一个很会说话的人，不但会熟练地运用眼神来表达自己的各种情绪，而且能够轻易地读懂各种目光的含义。正视表示尊重，斜视表示蔑视，仰视表示思索，俯视则表示羞涩；不住地打量表示挑衅，低眉偷觑表示困窘；愤怒的时候横眉怒目，顺从的时候则低眉顺眼。如果你眼睛虚盯前方，旁若无人，那么你好像在说：“我是一个了不起的人”；如果你左顾右盼，则说明你心怀鬼胎。

一般来说，敬仰你的人，目光会仰视你；喜欢你的人，目光会流露出热烈的光彩；傲慢而不可一世的人，目光则是轻视的感觉；讨厌你的人，目光会无意识地乱转，甚至看起来很疲倦。

4. 手势

说话的时候，合适的手势往往能够带来很好的效果。之前我们已经讲过了手势的重要性，现在我着重讲如何运用手势。

指示手势。你可能要为听众指出一些人、物或方向来，这个时候你需要用指示类的手势。比如，你指着某个人、物或方向，并且说“你”“我”“这边”。这类手势是实际应用的，跟表达情感没有多少关系。

模拟手势。如果你没有带某个东西，但是却想告诉听众这是个什么东西，这时候你需要用手势比画，把它的大致形状描绘出来。一个人讲述自己在身患重病的时候没有钱去治疗，但是却收到了很多的汇单、物品。一个当时只有四五岁的小女孩，送给他一个很大的苹果，使他十分感动。这个人在演讲的时候，用手势比画出那个苹果的形状和大小，这种手势语的运用也能起到很好的作用。

抒情手势。这是一种抽象感很强的手势，我们在前面已经详细地讨论过。比如，我们兴奋时拍手、恼怒时挥舞拳头等。

习惯手势。任何人都有一种自己特有的手势，这种手势的含义不一定明确，它随着说话内容的变化而改变。

需要强调的是，手势贵在自然、协调、有力，切忌做作、脱节和泛滥。

5. 动作

有一次，小丑浦洛莱斯说了一大通笑话，却没有使客人们露出笑容。于是，浦洛莱斯一头栽倒在床上，并且放声大哭起来。客人们很奇怪，问他为什么。只见浦洛莱斯一边拼命地擤鼻涕，一边痛苦地说："人们都不会笑了。我完蛋了。因为到目前为止，人们请我吃饭、给我钱，就是因为我可以逗他们笑。以后，谁还会请我吃饭呢？我马上就要饿死了。浦洛莱斯就要死了，因为笑已经死了。"

这时候客人们大笑了起来。小丑使出了绝招，赢得了最后的胜利。本来，看他表演的人们以为已经结束了，但是后来却发现表演实际上还在进行。

这种比较夸张的形体动作不但在想要引人发笑时可以运用，在别的时候也可以用。它跟手势不同，需要整个身体都做出较大的动作。

<使用肢体语言应该以自然为前提，不要做作，这样才能起作用。>

按 6 个步骤表达意思

◎这 6 个步骤不是金科玉律，因为实际情况常常发生变化。在实际的说话中，不要困在这些窠臼之中。

◎ 6 个步骤应该根据不同的说话内容而繁简有别。有的说话可能很难把你的意思表达清楚，所以你需要在前面两个步骤花较长时间和篇幅，而有些说话内容可能正好相反——论证它需要花更多的时间。

我们在表达意思的时候，要注意按照一定的步骤。这样做不仅能够使你有话可说和把话说清楚，而且能够使对方对你的话印象深刻。

大致而言，我们在表达意思的时候，需要按照以下6个步骤去进行：

1. 告诉对方你要说的是什么

在结束适当的开场白之后，开门见山地把你要表达的意思说出来。我们所处的时代是一个快节奏的时代。因此，说话的人切不可沉溺于那种冗长、闲散的绪论之中。现在的人们都很忙碌，他们希望说话的人能够以非常直白的语言、一针见血地指出他想要表达的意思，而不是以他的主题来设置悬念。他们希望不必拐弯抹角地得到某种知识，并且已经习惯于那种消化过的新闻报道。他们希望听到的话像麦迪逊大街上的那些广告一样——借助了招牌、电视、杂志和报纸，通过一些简洁有力的词语，把发布的信息告诉人们。他们没有耐心等你结束全部讲话后，再去猜测你要讲的究竟是什么。因此，你只有在一开始的时候就告诉对方你要讲的是什么，这样才能强调你所要表达的意思。

有些说话人喜欢在一开始用那种陈词滥调来引起对方的注意，这类话听起来让人生厌。比如，你应该直接告诉对方，在寒冬时开车需要更加小心。

2. 对你的意思进行解释

当你说出了你想要表达的意思的时候，你需要对其进行适当的解释和说明。你可以进行纯粹的理论上的说明，但更好的办法则是运用实例去说明。这一步骤是对前一步骤的深化、详述和说明，因为仅仅一句话是不能让对方明白你的意思的，而必须加以说明。

我通常习惯于一开始就把自己要讲的主题用实例的形式告诉对

方，通过这个例子，我可以生动而具体地说明我想要向对方传达的意思。当然，如果你们打算学习的话，需要注意的是，所举的例子必须是能够说明这个问题的。如果不合适的话，是会误导对方的。

如果你想要告诉人们的是一个事件，你必须告诉他们人物、时间、地点等要素，而且还应该告诉他们这一事件发生的过程；而如果是一个意见的话，你也要向他们深入地说明你的观点。如果你想要表达“在寒冬时开车需要更加小心”这个意思的时候，你应该解释说：“我想要说的是，寒冬是我们开车时最需要注意的季节，如果稍不注意的话，我们的生命就会有危险。”当然，如果你的意思一目了然的话，也可以省去这一步骤。

3. 为什么这么说

这个步骤对你来说十分重要，甚至可以说是最重要的，因为每个人都可以有他自己的观点，重要的是你如何去说明、论证这个观点。如果说“是什么”是你的观点的话，那么“为什么”就是它的原因。

卡耐基训练班的某位学员就“在寒冬时开车需要更加小心”这个主题，在进行了许多说明后，又举了下面这个例子：

“1949 年冬天的某个早上，我带着我的妻子和两个孩子在印第安纳州沿着 41 号公路开车北上。那时候，车子在镜片一样的冰上缓慢地行驶，我小心翼翼地把着方向盘，因为一点小问题就会使整部车子失去控制。

“我们的车子在冰上开了好几个钟头之后，来到了一条较宽阔的马路上。这时候，路上的冰已经被太阳晒得融化了。因为要赶时间，我踩了变速器。其余的车子都跟我一样纷纷加速，似乎每个人都急着赶往芝加哥。孩子们则高兴地在车子的后座唱起歌来。

“忽然，马路的上坡处深入一片林地。车子爬上坡之后，下坡的地方由于被林地的树木挡住了阳光，那里的冰还没有融化。我意识到危险来临了，想减速，但是却已经来不及了。我前面的两部汽车急速地往下冲，我的车子也一样。汽车滑过路肩，停在了一处雪堤之上。幸运的是，车子并没有翻。但是紧跟着我们滑行而下的车子却正撞在了我的车子侧面，我的车门被撞坏了，并且车窗玻璃也纷纷落在我们身上。”

怎么样？这段描述是否能够说明他的观点？答案无疑是肯定的。他所举的例子真实又生动，这样的例子正好是我们在论证的时候所需要的。

4. 这个意思怎么样

这个步骤是从对方的角度出发，更进一步地说明和解释你的意思。也许对方会对你所说的话表示反对，并且提出几条意见来反驳你。你最好在对方提出反对意见之前，主动想到他们可能会有的意见。

你必须对你的意思进行自我否定，然后去说明这一否定是错误的，并且考虑错在什么地方，这样才能使它更加可靠。对对方来说，它也才会更加可信。经不起质疑的意见是不可靠的，并且很有可能就是错误的。当然，这种思考必须在你准备说话之前就已经做好了。

5. 对对方有什么用

许多推销人员说明了他的产品有很多好处，但是似乎并没有成功。这是因为，他说的固然有道理，但是可能跟顾客根本没有任何关系。对对方而言，最重要的不是有没有道理，而是这个道理跟他是否有关系。如果他得不到任何有益的东西的话，那么他一定不会对它感兴趣。因此，你有必要告诉对方，你说的这个道理跟他有什么关系。你最好是找一个最适当的理由来打动对方，并且让他既同意你的意见，又会在这个意见的指导下去行动。

6. 重复一遍你要说的意思

有些人讽刺说："在你结束你的说话之前，提醒一下那些已经睡着的人们该醒醒了。"说话结尾的作用当然不止如此，但是如果真的有人睡着了，你强调一下你的意思，至少能起到一定的作用。因为在现实中，即使你说得非常精彩，也可能因为对方的才智、知识水平等问题，或者因为你的说话时间过长，你的主要观点已经被他们遗忘了。

实际说话可能更加复杂，这 6 个步骤可能需要变换顺序。

< 有效的说话，最重要的是把话说清楚，而并不一定要遵照方法——方法与内容相比是次要的。>

恰当地提问

◎一般情况下，不要限定对方的回答。你应该提一个开放性的问题，使他有发挥的空间，这样会更有利于谈话的进行。

◎避免无用的问题。不要提那些看上去是问题，但是实际上并没有发问必要的问题。

我有一次参加了一个桥牌聚会。我和另外一个漂亮的小姐都不会打桥牌，因此我们就聊了起来。当听说我以前曾是汤玛斯的私人助理，并因为工作关系到过欧洲各地旅行的时候，那位小姐十分感兴趣，并且要我将一些旅行的事情告诉她。我就在她的聆听中说起了一

些旅行的趣事。

在谈话中，我了解到她和她的丈夫刚从非洲旅行回来，我猜想她一定对这次经历的印象非常深刻。于是我问道："非洲一定很有意思吧？遗憾的是，我除了在阿尔及尔做过短暂的逗留外，还没到过非洲的其他地方。你能给我讲一讲你的非洲之旅吗？"

于是她兴高采烈地谈了起来。在之后的45分钟里，这位小姐再也没有问过我任何问题，而是自己一个劲儿地讲。我知道，她需要的是一个可以听她讲述精彩的非洲之旅的倾听者。

像这位小姐一样的人一点儿都不少。在社会交往中，我们需要向别人提问题。当你向对方提出一个问题之后，他会觉得你对他的事情很感兴趣，因此很乐意跟你分享他的经验。

实际上，提问对于促进交流、获取信息、了解对方都有着十分重要的作用。善于提问，你就能够掌握谈话的进程、控制会话的方向、开启对方的心扉。

提问的目的就是要达到一种和谐的氛围。我们从讲话者的角度去提问题，往往能获得良好的沟通效果。因此提问时，要把握好时机，摸清对方的心理脉络，使谈话变成一种互动，使问答能够顺利地进行。不要提对方难以回答或者不愿回答的问题，也不要限制对方的回答。

一位顾客想要买一种适合自己汽车的轮胎，售货员需要先了解一些基本的情况，让我们比较一下以下两种不同的提问方式：

方式一：

服务员：你的车在什么级别的公路上行驶？

顾客：在柏油路上。

方式二：

服务员：你的车一般是在什么级别的公路上行驶？

顾客：一般是在柏油路上，周末可能去一些道路条件不太好的地方。

服务员：也就是说，通常情况下道路条件较好。

顾客：是的，但是我每天都需要翻过一座小山。

服务员：这样的话，车的轮胎会磨损很快的，而且拐弯驾驶对你来说一定非常重要。

顾客：的确如此。

很明显，方式二的服务员得到的信息大大超过了方式一，因此根据方式二提供的信息，服务员为顾客提供的参考一定会更加适合顾客的需要。两句提问，仅仅差了一个词，其结果却出现了这样巨大的差别，可见我们在提问的时候一定要注意技巧和方法。

为了方便起见，我们将提问的方式分为以下几种类别：

（1）正面提问。开门见山地问问题，直接提出你想要了解的问题。

（2）反向提问。从相反的方向提问题。

（3）旁敲侧击地问。从侧面入手，迂回到主题上来。

（4）设问。假设一个前提，启发对方思索，使对方回答。

（5）追问。循着对方的谈话发问。

根据提问的内容，可以将问题分为开放式的问题和封闭式的问题。如果你提的问题是一个封闭式的问题，比如“你喜欢动物吗？”你得到的信息将会非常少，因为这样的问题通常得到的是“是”“否”或者另外一些简单的答案。封闭式的问题对于那些打算结束别人啰唆的说话的人是非常有效的。另外，当你在帮别人迅速地做出决定，在你想要使别人说得更加简洁一些的时候，它也很有效果。但是如果你希望对方继续把话说下去，维持正常的、热烈的谈话，你最好不要提这种问题。

像上段那个问题，如果换成开放式的问题的话，就可以是“告诉我一些关于你的宠物的信息好吗？”这样，对方的回答肯定是十分丰富的，你得到的信息也比较多，你甚至可以在他的回答中找到可以进一步发问的信息。封闭式问题和开放式问题的一个明显的区别是，前者有诸如“何时”“何地”“谁”“何事”“为什么”“是否”等词汇在里面。很明显，开放式问题比封闭式问题应用得更加广泛。

你可能曾经碰到过一些问题，让你不知道该怎么回答。有可能这并不是你的错，而是这样的问题根本就提错了。我们称这些问题为无用的问题——请注意，这些无用的问题都只是说，作为一个问题来说它是“无用”的或者对谈话继续进行是无效的。以下简单介绍几种无用的问题：

1. 导向性问题

如果你问“你认为我们是不是应该……”，这种问题有明显的导向性。实际上，你要得到的答案已经设置在你的问话里了。类似这种问题，我们都称之为导向性问题。作为一个问题而言，它没有任何意义——当然，你可能本来就没把它当作问题。类似的问题还有：

“你不是真的……吧？”

“……是吧？”

“难道你不认为……吗？”

2. 假设性问题

假设性问题实际上是假设一种没有出现过的、实际上没有可能出现的情况，以此来达到自己的目的。这种问题实际上已经包含问话者肯定的、间接的断言了。类似的问题有：

“如果你处在我的位置上，你会不会这么做？”

“如果你像他一样得了第一名，你会想要……吗？”

3. 设定性问题

设定性问题就是先设定某人的状况，然后向他问问题。在多数情况下，这种问题是为了达到压制、强迫甚至打击的目的。这种问题只会引起人们的不适和警惕，因为他们很明显地会感到提问者另有深意。类似的问题有：

“你不是……吗？现在为什么却……？”

比如，某人问道：

“你不是认为我们应该抵制日货吗，因为日本人对我国人民不友好？”

“哦，是啊！”

“可是我发现你现在开的是日本车。”

4. 多重问题

多重问题指的是将几个问题合成一个问题提问。这种问题往往导致人们不知道该先回答哪个问题，从而造成了尴尬。更加重要的是，当提问者附加了一些细节时，被问者往往找不到问题的重点。类似的问题有：

“你们是如何相处的？你们在一起有困难吗？你愿意告诉我这些吗？”

提问者提出了一连串的问题，这样无形中造成了紧张的气氛，让被问者不知道该先回答哪个问题，甚至不愿回答。

你也需要适时地提问，不要在别人谈得兴起的时候提问题，这会打断他的谈话，并且使他产生不悦的情绪，甚至有可能不愿回答你的问题。

< 在你提问题之前，要想一想对方可能会做哪一方面的回答，

要自己掌握问题的方向。>

避免沟通中可能犯的 10 种过失

◎控制你的情绪，让理性的思维控制你说话，而不要依靠情绪。

◎我们必须清醒地认识一点：我的这本书讲述的主要是理论，而最重要的却是你如何在行动中去实践它，否则，一切理论都只是空谈。所以，这 10 种可能犯的错误，你必须根据你的实际情况有所侧重地避免。而更多的过失，也等待你自己去慢慢发现。

在高效的沟通过程中，我们必须避免一些经常犯的错误。这些错误只会使你和他人的沟通出现不愉快，进而影响到你们沟通的效果。下面简单地介绍 10 种可能犯的过失，至于更多的过失，需要你自己去慢慢地发现。

1. 轻易地评价别人

我们在碰到一件事情的时候，总是会给它下一个判断、作一个评价。在通常情况下，如果别人说出某一件事情的时候，我们总是急于说出自己的意见。我们总喜欢给别人一个“好”或者“不好”的评语，就好像我们的意见是绝对正确的一样。或许我们希望通过评论别人来满足自己的优越感和自尊，因为我们在评论别人的时候，首先就已经自认为取得了评价别人的资格。

任何人都会反感对方采取一种高高在上的姿态。谈话时双方的地位是平等的。他跟你谈的可能只是自己的一个问题，他告诉你并不是因为他需要一个评价——即使这个评价他自己已经得出来了——而是需要对这个问题的解决，或者仅仅是陈述它而已。

当我们不得不发表自己的意见对别人进行评价的时候，我们当然不应该隐瞒自己的意见。但是“你是一个好人”或者“你真可爱”这类评价不会使对方满意，因为这表示你对对方不那么重视。

因此，你必须对他的优缺点进行具体的评价。我们实际上应该“就事论事”，而不要针对某一个人。也就是说，在我们评价一件事情之前，不要带有任何成见，更不要因为一件事就对某人轻易地进行评价。

2. 对别人进行说教

我们每个人并非都是老师，对方也并不都是学生，可是我们总喜欢对对方进行说教。我们总喜欢告诉别人应该这么做，而不应该那么做；这么做是明智的，那么做是错误的、是愚蠢的。我们总是自认为比对方知道的东西要多，看得更加清楚，因此完全有资格告诉别人应该怎么做。原本是一般的谈话，一下子变成了课堂上的教与被教，谈话双方的身份变成了老师和学生。

有时候，我们并不了解对方做一件事情的全部原因，以及做这件事情时的全部情况。当别人犯了错误的时候，我们总喜欢用过于简单的道理去说明他做得不那么正确。指出别人的错误，对我们来说是一件“诱人”的事情，为此，我们即使失去了对方的理解和谈话的和谐气氛也会觉得在所不惜。

你应该试着从别人的角度去看问题，这样，也许你就不会对他进行说教，而是更加倾向于理解、尊重和欣赏他了。即使你想要帮助别人，也不要用说教这种硬气的方式。

3. 揣测别人的心理

在潜意识里，我们都希望成为一个心理学家。我们经常对别人说

“你理解得不够”或者“你患了妄想症”。即使我们并没有受过专门的心理训练，我们也似乎有一种天生的“推己及人”（用自己的心理去推测别人）的本领，并且自认为这样做是对的。

要知道，那些心理学家也并不仅仅是从心理上就能推测出一个人的心理特征的，而必须结合相当多的事实，才能谨慎地得出结论。我们好像跳过了这一步。

所以，不要不顾事实而无端地推测别人的心理，你能够看到的仅仅是事实而已，你只有通过事实才能读懂他的心理。

4. 直话直说

我们经常会对别人说：“我这个人是个直性子，说错了话大家别见怪。”好像这样我们就能毫无顾忌地犯错误一样；对方也会有意无意地鼓励我们说：“有话就直说。”

事实是，我们常常因为这样的事情而和别人产生隔膜，甚至发生激烈的冲突。当我们在进行谈话的时候，气氛看上去好像很融洽，但是某一天你可能会听到对方对这次谈话不满的评价，这个消息绝对会使你惊讶。

这说明，你的直性子实际上破坏了你们的关系，只是当时没有表现出来而已。

当你直接指出对方的错误，而并没有委婉地把你的意思说出来的时候，你可能并没有意识到你已经不自觉地伤害了对方。与此相同的是，你可能在不适当的场合说了不适当的话，因此给别人造成了伤害。因此，要尽量委婉地把你的意思表达出来。

5. 命令对方做事或者接受你的意见

命令就是当你想要别人做某件事情的时候，你用非常肯定的语气告诉他，让他感到没有商量的余地。你让对方感觉到自己就像一台做事的机器一样。

另外，当你想要别人同意你的意见的时候，你可能会采取一种不容置疑的态度去赢得他的同意。在整个过程中，看起来好像你一直在与对方商量，实际上对方却没有表达自己意见的机会。

这两种形式会使你给人一种威慑的力量，使对方不至于反对你的意见。前一种情况，对方只是做了你让他做的事情，但是他不会调动自己的全部精力去做这件事情，并且只会考虑尽快地结束这件事情，而不考虑其他的因素；后一种情况则导致对方有不同的意见却没有发表出来，但是表面上好像你们已经取得了一致。

因此，你应该真正地去赢得他人的同意，应该让他自己说服自己，把你的愿望变成他自己的愿望。

6. 独自诉说或倾听

有些人喜欢把别人当成一面墙壁，只让自己滔滔不绝，而让对方什么都不做；或者在整个谈话中，他们自己拒不发表任何意见，甚至一直沉默。看起来，他可能并不愿意这样做，而是当时的情形逼得他这样做。

这两种情形都是不可取的。我们都知道，所谓沟通，本来就预设了一个前提，那就是谈话是双方的事情。如果希望圆满地谈话，必须两方面都积极地参与进来，共同构建和谐的氛围。在谈话中，“独角戏”是唱不起来的。

7. 不说逆耳的忠言

人们往往以为说出一个人的缺点或错误是让对方不高兴的事情，所以我们通常保持沉默。另外，好像我在前面也隐隐约约地提倡这么做。

在很多情况下，我确实反对直接地指责别人的错误，因为这将会导致谈话气氛的不和谐，甚至使对方产生敌对心理。但是，这并不意味着要隐瞒他人的错误。当我们发现他人有错误的时候，我们应该利用适当的时机指出来，而不是让它就这样过去。

我们和别人沟通的目的，是为了相互提高和人际关系的圆满。因此，如果你发现了别人的错误，并且用恰当的方法告诉了他，他一般情况下是会欣然接受的，因为说到底，这是为了他的进步。他接受了你的指正，当然会更加感激你，从而与你的关系会更加和谐。

8. 不拘小节

我们在日常的交谈中，常常会犯一些小错误而不去注意。比如，一个人的打扮通常被认为是小节问题而不被顾及。我们考虑的可能是一些所谓的“大问题”，比如一个人要有才华、有知识，而不是究竟该怎么讲话。

这种想法的一个特点是，把那些属于“内容”性的东西的作用无限夸大，而把那些“技术”性的东西的作用无限缩小。殊不知，就是这些小节的东西在时刻地影响着你的说话形象，减低着对方与你交谈的兴趣，甚至引起了对方的反感，进而毁损了你讲话的效果。

9. 说话模棱两可

如果我们不能准确地表达我们的意思，不能使我们一语中的，对方一定会认为我们另有所图。另外，可能你所表达的东西并不是你所想的东西。因此，我们必须注意使我们的意思很明确，并且能够充分地表达我们的意见。

含糊不清的原因就在你的思维，你可能并没有真正弄懂或理清你自己的思想。因此，如果你想要表达清楚，最合适的方法就是整理清楚你自己的想法，然后采用一定的技巧清晰、明确地表达出来。

10. 转移话题

如果你在说话中有情绪化的倾向，或者你想隐藏你的观点，你可能会选择换个话题来谈论。你根本不会去回答对方提出来的问题，而是转换一个话题。当然，也可能是因为你没有注意对方的谈话，所以才不得不另寻一个话题。

毫无疑问，转换话题只有在特定的场合才是适合的。一般情况下，我们不要轻易地转换话题，这会严重地影响你与他人的沟通。比如，对方问："你觉得我们的关系怎么样？"你却回答："我想我们应该去看场足球赛。"你可以想象对方会有什么感受。

<我们的目的只有一个，那就是有效地和他人进行沟通。你所要想的就是如何实现这个目标，这样你存在的所有问题都会自然而然地得到解决。>

掌握应对抱怨的技巧

◎面对抱怨者，不管他是否无理，你都要先冷静下来。只有这样，才能解决问题。

◎要先了解对方抱怨的究竟是什么，在没有弄清楚之前，不要轻易发表你的意见。

◎告诉对方你会怎么解决这个问题，尽量让对方觉得你很诚恳。

沃顿在新泽西州近海的一个百货商店买了一套衣服。几天后，他发现这套衣服已经褪色，并且把他的衬衫染黑了。于是，他决定去百

货商店问明原因。

百货商店的一名店员接待了他。当沃顿把事情的原委告诉这个店员的时候，这个店员不耐烦地对他说："我们已经卖出了上千套这样的衣服，为什么你是第一个来挑剔的人呢？"这个店员的声音很大，好像在对沃顿说："你在说谎！你以为我们是好欺负的吗？"

讲话被打断的沃顿顿时十分愤怒，他与这个店员争执了起来。这时候另一名店员插话说："所有黑色的衣服，一开始总是会褪一点色，而且这种价钱的衣服都是这样。"

第一个店员怀疑他的诚信，而第二个店员却暗示他买的是次等货，这对他而言是莫大的侮辱。沃顿顿时火冒三丈。他正要大发脾气，这时候，公司的负责人走了过来。

这位负责人诚恳地对沃顿说："先生，我首先为我的店员的粗鲁向你道歉。但是请告诉我，这究竟是怎么回事？"

沃顿大略地说了事情的经过，并且着重强调了这两名店员十分不友好的态度是使他非常生气的原因。在这一过程中，负责人一直微笑地看着他，一句话也不说，并且仔细地倾听他的谈话。可是那两名店员听了后，又要向负责人辩解什么。那位负责人站在了沃顿的一边，对她们说："这位先生的衬衫领子的确是被我们的衣服染黑的。这种不能令人满意的商品，我们怎么能卖出去呢？"然后他又对沃顿说："先生，我得承认，我起先并不知道这套衣服的质量是如此之差。你认为我们应该怎么做才能使你满意呢？"

本来沃顿打算退衣服的，但是听负责人这么说，就立即打消了退衣服的念头。他对负责人说："我只是想知道，这套衣服以后还会不会褪色？还有，有没有办法可以补救呢？"

负责人建议沃顿把衣服拿回去再穿一个星期试试，看看情形如何。如果他到时还不满意的话，那么百货公司可以给他换货。于是沃顿这么做了。果然，穿了一个星期之后，他的衣服再也没有褪色。他又恢复了对百货公司的信任。

我们发现，在处理沃顿的这件事情上，百货公司的员工主要采取了两种方法，而取得成功的是第二种方法。那位负责人是这么做的：他耐心地倾听了顾客的抱怨，并且从顾客的角度出发，采取了顾客可以接受的处理办法。

我们希望可以找到一个处理抱怨的普遍的方法，以便能够像那位负责人一样从容地应对抱怨。在现实生活中，我们总会遇到各种各样的抱怨：可能来自一个顾客，他投诉我们的商品有问题；可能来自一个朋友，他抱怨自己的事业遭遇了挫折；也有可能来自一个精力旺盛的人，他没什么别的目的，就是想发泄多余的精力。

我们该怎么处理抱怨？实际上，一个人表现出来的抱怨基本上都与要求被尊重有关。即使是火冒三丈的抱怨者，他们也并不在乎你处理抱怨的结果，而只是希望得到被尊重的感觉。基于此，可以按照以下的顺序来处理抱怨：

1. 了解抱怨

卡恩乘坐了比原定班机早一班的飞机，当她到达机场的时候，她发现到处都找不到自己的行李。她猜测自己的行李在后一班的飞机上——后来证明事实果然如此。第二天，她打电话给机场中心，想提醒一下他们管理系统出了问题。

“你应该把你的抱怨写出来。”机场的工作人员回答道。

“我是想提醒你们可以改进你们的管理系统。”卡恩解释说。

“我们这里并不处理抱怨，你应该把它写出来。”工作人员继续彬彬有礼地说。

“我没有时间，而且我并不是在抱怨。行李我已经取回来了。我只是想让你们知道，如果班机调整的话，你们的行李系统应该做相应的调整。”卡恩说。

“哦，原来是这么回事。但是我还是帮不了你，你得打电话给机场的管理者。”工作人员回答道。

你同意像这位机场的工作人员一样处理抱怨吗？他看起来好像很礼貌地在处理问题，实际上自始至终都没有弄懂对方想要表达的是什么意思，更加重要的是，他似乎对对方说什么毫不在意。

因此，如果你想妥善地处理抱怨，一定要弄清楚对方在抱怨什么。不管对方态度如何，你都需要了解他所抱怨的究竟是什么东西。

了解抱怨的前提自然是倾听，也就是听他究竟是怎么说的。然后，在你听到的信息中，分辨出哪些是真实的，哪些是虚假的，以及哪些是感觉。

你需要做其他一些事情配合你的倾听。为了鼓励对方说下去，你最好在对方说的过程中，用真诚的目光注视对方，同时点头表示他说的东西有道理（或者你听到了）。如果对方是通过电话与你进行交流的，你需要说一些肯定性的词语如“我明白”之类，来表示你确实已经知道了。你可以问一些你不了解的问题，但是你不要问那些细枝末节的问题，而要问非常重要的问题，因为这类问题是解决纠纷的关键。

2. 给予信息

在听完对方的陈述之后，要负责任地、积极地解决抱怨，或者委托别人解决。千万不要用“请把它写下来”“我很忙”“这不是我的工作”之类的借口把对方打发走。你应该给人一种十分诚恳的印象。

首先，你应该向抱怨者表示诚挚的感谢。如果他是一位顾客，你可以感谢他对你工作的支持；而如果他是你的朋友，则可以表示你对他的信任感到十分高兴。这种感谢十分有利于关系的拉近。

其次，告诉对方你打算怎么处理这件事。千万不要说“我一定会慎重处理的”这样的话，这样听起来像是在敷衍对方，而是要告诉对方你打算怎么处理。面对卡恩的抱怨，那位工作人员应该说：“非常感谢你抽时间帮助我们解决问题，我会把这个意见传达给行李中心经理的。”

而对那些必须立即解决的问题，必须马上行动起来，以表示你对抱怨者的意见很重视。

3. 询问对方

一旦确定要处理，你最好询问一下对方再去做。你应当问一问对方，你的解决办法是否令他满意。如果不满意的话，你必须回到第一个步骤，或者听一听他的解决办法。

<处理抱怨前，确认对方已经十分满意你的处理办法。在处理完抱怨之后，有必要的话，记录下来，以便改进自己的工作。>

用请求不用命令

◎即使确认自己站在较“权威”的一边，为了维护他人的自尊，也必须用请求来代替命令。

◎请求实际上是命令的弱化，但是会收到截然不同的效果。

◎如果能把命令说成是你的想法或建议的话，在某种程度上，对方会不便于拒绝你。

我们已经知道，那些强迫、要求和命令性的语气容易使人产生抵触情绪，而这种情绪正是我们不愿意看到的，因为它将严重地破坏人与人之间的关系。只有在相互尊重的基础上请求而不是命令，才能使交流顺畅地进行。

卡耐基训练班有位叫汤姆森的学员，他亲身经历了这样一个故事：

汤姆森所在的汽车公司修好了6名顾客的汽车后，顾客集体拒绝付修理费。他们并非不承认这个账目，而是认为其中某些项目写错了。事实上，每一个修车的项目单上，都有他们的亲笔签名，因此，公司拒不承认这些账目有差错。

汽车公司信用部的职员去收款的时候碰到了麻烦。他们逐一拜访了每一位顾客，要求他们缴纳未付的账款，并且表示，公司是绝对不会把账目弄错的。这些“错误”，应该都由顾客自己负责。这些职员暗示说，在业务方面，只有公司才是专业的，所以，他们没有必要进行无谓的争辩。结果，职员与顾客吵了起来。

这些账很不幸地将要成为一笔烂账，于是公司打算诉诸法律。这件事情被总经理知道了，他查阅了这6位客户以前的付款记录，发现他们之前并没有拖欠的情况。总经理认为，这些顾客之所以不付款，一定是公司在某个环节上出现了问题。于是，他派出了汤姆森去收这笔欠款。

汤姆森也像信用部的职员一样，逐一拜访了那些客户。但是他绝口不提欠款的事情，而是对他们说，他是来对公司的服务情况进行调查的。他表示，他并不相信公司绝对不会出错，然后他尽量让顾客们发泄不满，而自己只是仔细地听。

最后，那些顾客的情绪好像缓和了许多，于是汤姆森说道：

“我也觉得公司对这件事情的处理不是很恰当，为此我代表公司向你表示真诚的歉意。听了你刚才的话，我为你的忍耐力和力求公平的态度而非常感动。正因为你的宽广胸襟，我才请求你为我做这一点儿事。我相信，你会比其他任何人都胜任这件事情。请你再查下我们公司开给你的账目，因为你比任何人都更加清楚。如果有哪个地方记错了的话，你说该怎么办就怎么办吧！”

结果，他们高兴地核对了账单。这些账单的数额在 150 美元到 400 美元之间浮动。其中一位顾客只是付了最低额，他拒绝付来历不明的款项，但是其他 5 位都尽可能高地付了款项，一点儿都没让公司吃亏。最奇妙的是，两年之内，这 6 位顾客又买了公司的 6 辆汽车。

毫无疑问，那些信用员是用合同的权威来命令顾客付款的，而汤姆森却正好相反，他所用的方法是请求他们这么做。比较一下即可看出，他们取得的结果是截然不同的。

用请求而不是命令的语气，有很多不可思议的好处，一旦你发现了这些好处，你就会慢慢地养成请求的习惯。

比如，不要说“不要那么做!”应该说“我觉得这样做不是很好”；不要说“我不喜欢你去做!”应该说“你不介意我让约翰去做吧?”

一个很好的方法，就是在你说话的时候带上一个“我”字，用“我”字可以非常详细地叙述个人行为，并且也能够告诉对方这将会对他造成什么影响，或者为什么这是重要的。用“我”来表达要求对方不要做某事的观点，将会使你的话听起来很平静，而不是在责备或命令他人。

比如，你说：“我真的希望在中午之前拿到这份文件的复印件，你能帮我吗？”如果没有别的原因，对方会非常愉快地回答：“没问题！”

当你打算要对方给你打电话的时候，如果你说："希望你给我回个电话！"这样说虽然礼貌，但是却带有命令的口气。你不妨说："如果你给我回个电话的话，我会非常高兴的。"

当你在会上讲话的时候，一位同事打断了你的话，并且对你说："布朗，我想请教你一个问题。"你为了表示不满，会说："请不要打断我的演讲。"还是会说："我把话讲完再跟你讨论，怎么样？"

如果我们要表达的意思是命令对方，你可能会担心用请求的语气与对方说话会显得威力不足，对方根本就不会听我们的话。

杜鲁门总统曾经非常形象地形容过美国的外交政策：拿着大棒轻轻地走路。劝说他人的时候也可以用这种策略。一开始，我们可以"请求"对方，但是如果对方并不为我们的"请求"所打动，我们再转向"大棒"，即告诉他们不这样做的话会有什么后果。

比如，一开始说"我希望在中午之前拿到这份文件的复印件"，如果对方表示有事不能完成的话，你可以接着说一句"如果到时候拿不到的话，恐怕这次谈判会搞砸的"，对方就会明白这个任务很重要，而他完全会先不做其他的事情，转而做你所命令的这件事情。

<没有命令、强迫或要求，可能就没有反抗和抵触。>

10种方法说"不"

◎你首先要有诚恳的态度，要让对方知道你真的考虑过这些问题，而拒绝对方是因为客观的不可改变的原因。

◎不要轻易地说"不"，这会让人觉得你不是一个热心和负责的人，不要因为可能遇到的一点困难就拒绝对方。

◎不要因为希望讨别人的喜欢、担心拒绝别人会产生不好的影响而轻易地答应别人。实际上，如果你答应了别人却办不到，还不如一开始就拒绝。

你每天都准备和不同的人交往，那些人可能会向你提出各种要求。这些要求有合理的，也有不合理的；有你愿意答应的，也有不愿意答应的。但是，拒绝别人往往被认为是一件不好的事情，因为这往往会导致对方很难堪，破坏你和别人的关系。因此，你应该学会拒绝的艺术。

我们发现，如果你在拒绝别人时，冷冰冰地对对方说“不”等词语，这样一般会伤害对方，增加对方的不快和不满，从而使他在心底抱怨你，进而影响到你和他人的人际关系。而如果你用诚恳的态度、一定的技巧来拒绝对方，这样对方会更容易接受，并且能够减少对你的不满，而你也往往能够得到别人的谅解，并把对方的不快和失望控制在很小的范围内。因此，我将介绍以下10种方法，告诉你怎么来说“不”。

1. 先同情后拒绝

当对方向你提出一个要求的时候，你应该告诉他这个要求并不过分，但是因为各种原因，暂时没有办法实现。也就是说，在语言表达上，采取了一种“先肯定后否定”的程序，这是一个通用的、十分有效的拒绝方法。你这样做并不会给对方造成心理伤害，而他也会对你的拒绝表示理解。

一个能力出众而且工作勤奋的员工向你提出加薪的要求，而你却因为各种原因，并不打算给他加薪。如果你直接告诉他：“你的要求太过分了！”这样最坏的结果是导致他跳槽，并使他对你产生厌恶感。

但是如果你告诉他，他确实对公司做出了不同于一般人的贡献，他的工作能力十分出色，加工资确实是应该的事情，这样能够产生完全不同于直接拒绝的效果。

比如，你这样对他说道：

“约翰，我知道你是个很棒的员工。上次那么重大的销售任务，你都完成了，简直太棒了！我个人认为，你确实应该加薪。但是，你应该知道，我们本季度整体的销售并没有达到预期的目标，因此，公司方面暂时不会调薪。从个人而言，如果单单为你一个人调薪的话，那么一定会引起其他人的不满，这势必会影响公司的整体发展。我想你不希望出现这样的情况吧？

“所以，我的意思是，我们暂时不会为你加薪，但是这只是暂时的情况。公司一定会认真考虑你的待遇问题的，因为你确实是我们公司不可多得的人才。我有信心，如果你继续为公司创造更好的业绩的话，我们一定会根据你的情况来调薪。到时候，你一定会得到满意的薪酬的。我并不是要求你比现在更加卖力——你已经非常卖力了，这一点相信所有人都看得到。我希望你能够继续保持这样的工作状态，在下个季度结束的时候，我们再一起来看看情况如何。”

2. 告诉对方这么做的后果

不合理的要求可能就是因为它会给你或他人带来不利的影响，因此，在你拒绝他人的时候，你可以告诉他这么做的后果。他可能并没有看到这一因素，或者以为你没有看到。当你把利害关系跟他说清楚的时候，也就说明了你为什么不能答应他。

约翰急匆匆地走到你的面前，要你帮忙把一份文件打印一下。但是你当时正在准备一份更加重要的文件，那些董事们都在等着要这份文件。你会默不作声地把约翰的文件放在一旁，等到他 30 分钟后过来的时候，你再跟他解释你为何还没有完成他的文件吗？这样做不是不可以，但是需要花费你太多的时间和精力。

所以，为了免去许多麻烦，你应该直接告诉约翰：“我现在正在打印董事们的一份文件，他们比你更急着要。如果你不希望我因此而被解雇的话，那么请让我把这份文件打完再说。”

一个销售人员在卖给你一本装帧精美的书之后，还想再卖给你一张光盘。他对你说：“每个人都觉得这本书如果配上这张光盘的话，一定会让自己更有收获。让我帮你搞定吧，只需要 15 美元而已。”但是你并不想买，你可以跟他说：“我很感谢你这么替我着想，但是我爸爸说过：‘一旦成交，不要再多要。’我们刚才已经成交了一笔交易啦！”你是在委婉地告诉对方，持续地强力促销可能会危及第一笔交易，那么他就会自觉地降低他的要求。

3. 换一种处理方案

在你说“不”的同时，如果换一种方式清楚地说明这样做不切合实际的话，也可以达到同样的目的。当你试用期的员工要求转正的时候，而你却认为他并不适合这一工作，如果你直接告诉他：“公司拒绝为你转正。”这样做对吗？当然不对，这是十分愚蠢的做法。实际上，你应该坦诚地告诉他：“约翰，我知道你在这段时间里已经尽了最大的努力，同时也取得了不错的成绩。是的，我们应该给你转正。但是，不知道你发现没有，你做事注意细节、待人态度诚恳，如果在销售部门继续做下去的话，这些优点恐怕都得不到充分的发挥。因此，我认为你非常适合在服务部工作。你有兴趣谈论这件事情吗？”

顾客要求你星期二将所有的货送到他的公司，但是你办不到。你难道会直接对他说“不”吗？实际上，你应该对他说：“我无法在星期二将货全部送到你的公司，但是我可以在星期二将大部分货送到你的公司，其余的星期四之前全部送到；或者我们在星期二的时候把所有的货都凑齐，到时候你可以直接到我们这里来提货。你觉得哪种办法更好?”

4. 诱导对方自我否定

我们知道，如果能够让一个人自己说服自己的话，那么拒绝他就变得好办多了。因此，一个很好的拒绝办法就是，让对方意识到不应该这么做，从而使他进行自我否定。

一位老客户打电话给市场部经理托马斯，请他在他的部门为自己的女儿安排一份工作。这很明显使托马斯十分为难：一方面，他不能直接拒绝客户，这样的话就会失去这位老客户；另一方面，他又不能答应客户，因为他不但没有权力录用一个人，而且客户的女儿根本无法胜任市场部的工作。托马斯给她安排了一场面试。之后，在打电话回复的时候，托乌斯对那位客户说：

“洛宾逊先生，很明显，你的女儿非常聪明，她的写作能力尤其出色，并且，她对艺术有浓厚的兴趣。是这样吗?”

洛宾逊先生回答道：“确实如此。她很小的时候就表现出了很强的艺术气质。”

“那么，”托马斯继续说，“你觉得她最适合什么工作呢?”

“可能，她根本就不适合在市场部门工作吧!”

就这样，洛宾逊先生主动地提出不再麻烦托马斯，决定让她进学校教美术课。

5. 间接原因拒绝

间接原因拒绝，也就是回避对方认为应该被接受的原因而拒绝他。这是因为，如果顺着对方的思维方法推论下去的话，那么似乎真的没有反对他的理由。

一位坚持不懈的求职者打来电话说："我以十分诚恳的态度再次打电话来，希望你能给我一个机会，让我为你们公司效力。我知道你们公司已经没有多余的名额了，但是我希望你们知道，我将是最卖力的员工，并且，我真的非常希望能够得到这份工作。"

看起来，这样的员工是每个公司都想要的，但是实际的情况是，公司已经没有多余的名额了。你想用什么办法来拒绝他呢？作为公司人事部的负责人，洛克这样回答道：

"先生，我想我们已经一再地告诉过你，不要再把你的时间花在谋求本公司的职位上了。我想你需要明白一点，虽然你有那么多的优点，但是，我们公司想要的是服从公司领导的员工。实际上我已经对你说过多次，我们已经把你的联系方法记下了，如果有需要，我们一定会主动联系你的。这是我以前对你说过的，也是今天想对你说的，如果你尊重我的建议的话，希望你能照办。祝你早日找到工作。"

6. 从对方的立场出发

在拒绝对方之前，要学会从对方的立场去考虑问题。在某些情况下，你完全可以说服对方，你之所以拒绝，是出于为对方考虑。

如果你的老板交给你一个不可能完成的任务，你打算拒绝他，你可以对他说："如果有可能的话，我可以做到 24 小时连续工作，但是这样势必会影响工作的质量。实际上，你比我更加不希望我们的产品出问题吧？"

7. 避实就虚

将那些要求或问题变成一堆泡沫，这需要有相当的技巧。避开那些实质性的问题，而故意用模棱两可的话回答对方，委婉地表达你的不合作的态度。这在许多外交场合都可以碰到。

一位国家元首圆满地访问了他国之后，在该国领导人的陪同下抵达了机场。这位国家元首诚挚地邀请对方回访本国，那位领导人说："在适当的时候，我们是会访问贵国的。"这就是著名的外交辞令。他并没有接受或拒绝对他国的访问，看起来好像回答了访问是必要的，但实际上并没有说出是否会访问或者什么时候访问，而对方要求回答的正是这些。在听完这句话之后，那位国家元首应该已经明白对方的意思了。

电视上那些政府官员在回答记者的提问时，用得最多的是"无可奉告"。我们在现实生活中也可以这样来回答这类自己不愿回答的问题。你可以用"天知道""到时候自然就知道了"这些模糊的方式来拒绝回答对方。

8. 以笑代答

在某些场合，可能你不能用语言拒绝对方，这时候，你的肢体语言就可以发挥它的作用。当别人向你要求什么的时候，你需要先表明一个态度。用微笑来代替回答，这种古老的方法十分有效，因为它不会弄得双方都难堪。

约翰在演讲的时候，发现一个听众正朝他示意，之后约翰知道原来他是想要提问。约翰并不喜欢他的演讲被别人打断，并且不希望听众被提问分散了精力。于是他朝那位听众笑了笑，然后就把目光移到了别人身上。那位听众会意，于是在演讲结束的时候才问约翰那个问题。

可以想象，如果约翰对那位听众说了点什么，那么听众的注意力一定会被打断。

当别人问你："你喜欢跟阿兰得辛在一起吗？"你一笑置之，别人就会明白你的意思。

9. 把难题留给对方

当对方向你要求什么的时候，你如果感到很为难，不妨把这个问题留给他，也就是请他从你的立场来考虑问题。不要轻易地拒绝对方，而是要让他理解你的处境，这才是不会带来什么副作用的好方法。

你和你的妻子已经约好了今天晚上一起在餐厅共进晚餐，以庆祝你们的10周年结婚纪念日。但是今天，你们公司临时决定举行一场晚会，欢迎一个非常重要的客户。公司决定由你来主持这个欢迎仪式。你会怎么办？

如果你认为结婚纪念日比这个让你锻炼的机会更加重要的话，你必须鼓起勇气拒绝公司的任务，并且告诉领导，你很爱你的妻子，你不希望结婚纪念日里让她感到孤单。这样显然还不够有说服力，你可以这样对你的领导说：

“约翰，你跟我一样都深爱着自己的妻子。结婚纪念日里，我不希望对方受一点点委屈。如果是你的话，你会怎么做呢？”

你实际上把问题推给了对方，在多数情况下，领导会同意你的请求的。

10. 对事不对人

当你拒绝别人的时候，为了不使别人感到难堪，必须让别人了解，你拒绝的是这件事而不是对方本人。我们必须将人和事分开。比如，你不能说“我不能为你做这件事”，而应该说“我不能做这件事”。

某公司的一个业务员造访了他的朋友——另一公司的部门经理，打算请他订购他们公司的纸张。这位部门经理解释说：“实在很抱歉，我们公司规定，任何人——包括总经理在内——都不能私自订购任何一家公司的纸张。这些采购工作必须由采购部完成。”这样，那位业务员就不好再提出要求了，因为这一规定针对的并不是他一个人。

< 在你拒绝了别人以后，如果有时间的话，尽量询问一下事情的进展，这样可以显出你确实是关心对方的。>

电话交流时的八大要领

◎用声音来表达你的意思，它是你唯一的工具。只有通过它，才能把你的形象、态度和其他信息都表达出来。因此，电话交流对你的口才要求更高。

◎直接、快速地表达，这一点在这个快节奏的社会会要求很高，在电话交流中更是如此。

◎在电话里拒绝一个人很容易——这往往是一个陷阱。因为这使你给别人这样一种印象：你总是当面一套，背后一套；你是个投机取巧的人，因为你当面从不这样拒绝人。

现代社会中，电话的使用越来越广泛了。人们常常利用电话进行问候、聊天、预约等交际活动或者进行推销等商业活动。人类有很多话是依赖于电话这个工具而进行的。所以，我特意在这一节中给你们讲述电话交流的一些技巧，而这些对你们是很有帮助的。

我们在电话交流中需要注意以下一些要领：

1. 做好通话准备

在你拨通对方的号码之前，最好先想好你打算说什么、以什么方式开始。如果可能的话，最好了解对方的一些信息。社会学家发现，即使是朋友，在不同时候打电话的态度、兴趣也都是不一样的。要了解对方在用什么声音说话，代表的大致是怎样的一种情绪，然后再采取相应的对策。如果是电话营销的话，最好弄清楚对方的一些情况，比如他的职位、兴趣、爱好等。

尽量不要在电话通了之后才去想应该跟对方说些什么，这不但会使你因为紧张而找不到话题，而且也会使对方不耐烦。现代社会是快节奏的，人们都不希望别人浪费自己的时间。没有思考，一般都会使你说话时带有“嗯”“啊”等无意义的语气助词，这会影响对方对你的感觉。如果你要说的内容比较多或比较重要，把它写下来也是一种好的办法。

2. 使声音清晰

想必你们还记得我前面说过的关于人们传达信息的渠道的有关数据。我提到，根据社会学家的研究，有55%的信息是通过表情、身体姿势和手势等体态语传达的。我们在面对面的交谈中，可以通过表情、手势等来帮助自己，表达我们的情感、思想。但是我们在打电话的时候，却只能用声音来传达我们的信息。

因此，你需要特别注意你的声音。

我们在前面所说的交谈时需要注意的声音方面的问题，包括音量、声调、节奏等很多与声音有关的因素，这些因素在电话交谈时依旧需要注意。在电话交谈中，你需要特别注意的是声音清晰这一点。这是电话交谈最基本同时也是最重要的一点。

我们可以想象一下那些含糊不清的通话。如果你和对方说：“你说什么？”“请再重复一遍。”这无论如何都会带来对方的不快，从而引起交谈的困难。而在一般情况下，如果你和对方不是处于同一对话地位——比如你是推销员，对方是你推销的对象，对方即使没有听清楚你的话，也不会主动告诉你他并没有听清楚。他为了省去麻烦不会要求你重复一遍，而是以“好，我会考虑的”“以后我再联系你”等类似的话来结束你们的谈话。你没有成功地把你的信息传达给对方，也就谈不上什么技巧了。

同时，不要让周围嘈杂的环境影响你们通话的质量。在嘈杂的环境中，我一般都会告诉对方，我待会儿会打过去的。

3. 遵循礼仪

你需要在电话交谈的时候更加注重说话的礼仪。最好使“你好”“谢谢”“打扰了”“对不起”等礼貌词语在必要的时候派上用场，这会使对方更加乐意跟你通话。在你的谈话中，尽量让对方感觉到你是一个谦谦君子或者很可爱的小姐，而千万不要给人粗鲁、莽撞的印象，尽量用温和、客气的口气跟对方说话。这些跟我们平常说话的礼仪是一样的。

一般而言，如果是你主动打的电话，应该由你先挂电话。因为是你有事情找对方，你挂电话说明你说完了。但是，如果存在身份不平等的问题，应该由那些身份较高、年纪较长、职位较高者先挂电话，这表示你对这些人的尊敬。

不要以为没有见面就可以肆无忌惮。当你通过电话拒绝对方的时候，你仍然需要使对方留有自己的自尊。如果你不保持礼貌的态度的话，很显然，对方也更加容易用你的方法来对待你。

4. 说好开场白

接通电话之后，如果你一开始说“给我找你们公司那个约翰”，这样你可能会听到对方“啪”的一声挂电话的声音。因此，如果你不想受到这样“无礼”的对待的话，你应该说：“你好，请帮我找财务部的约翰。”这样的话，对方会非常乐意为你效劳。

如果接电话的正是你想找的人，不要想当然地认为对方会知道你是哪位。你应该首先作自我介绍，这还是一个礼貌问题。当对方弄明白你是谁之后，不要跟对方谈论今天的天气如何，你应该直入主题，把你的意思说清楚。很多人好像觉得这样直接了一点，但是大多数人就是喜欢直接，而并不喜欢对方拐弯抹角。

5. 使你的话简短而准确

有些人喜欢在电话里聊天，他们的谈话没有主题，往往一聊就是几十分钟。当然，没有人有权利阻止你这样做，如果你愿意花费昂贵的电话费。关键是对方可能没有这么多时间陪你闲聊，他也没有义务这么做，虽然他没有说出来。

要使你的话尽可能地简短，能够用一分钟说完的事情，不要花费几十分钟。这跟我们平常说话是一样的。要考虑到对方拿电话久了可能会很累，而且，他很可能有别的重要的事情要去做。如果对方听得不耐烦了，他不会继续听下去的，而那时候你还没有讲到你说话的重点，你应该不会希望这样。

当然，话语简短的前提是你确实把自己的意思表达清楚了，并且确认对方已经知道了。如果不是的话，你必须要再“啰唆”一下。

6. 倾听对方说话

永远要记住说话不是一个人的事情。不要只顾自己滔滔不绝地说话，也要让对方说话。他也许有重要的信息要告诉你；他也许会告诉你他并没有完全弄懂你的意思，或者还有别的什么疑问。总之，留一点儿时间让对方说话。

当对方说话的时候，不要一边看报纸、电视，一边只是“嗯”“哦”之类的回答对方，甚至跟他讲起了电视上突然出现的滑稽画面。你知道不被重视的感觉，所以也应该知道对方的感受。

你不知道对方说了些什么，不知道对方的情绪，受到损失的只是你自己。对方也许并不知道你在做这些事情，但是他会很容易感觉到你说话的兴致不高。

7. 记录谈话要点

准备好笔和纸，随时记下你认为重要的东西。你应该养成这样的习惯。不要在对方给你一个号码的时候，要对方稍等，然后再花好几分钟的时间满屋子找笔和纸。

当你记下了对方给予的重要信息的时候，即使对方没有问及，你也应该重复一下你刚才所记的内容。当你清晰地复述出来的时候，对方会很高兴，因为你在认真地听他说话。

而如果对方问你弄清楚了没有，你却不得不请求对方重复的话，那会使对方怀疑你有点儿心不在焉，没有认真地听他说话。

也许你认为自己的记忆力不错，但是在通常情况下，等一通完电话，因为某一件事情的发生，你就会忘记刚才那件事情了。不要相信自己的记忆力会比纸和笔更加出色，你可能会因为这种自信而付出很大的代价。

8. 通话被打扰

当你跟对方正谈到某一个重要的问题的时候，你的一个客户走了进来。你会怎么办？是停止通话，还是不理那位客人？

从来没有人会说面前的客人永远比电话里的客人更加重要，也没有人会说相反的话。这完全要看当时的情形。如果你面前是一位更加重要的客人——我的意思是，他可能一不高兴，就停止了和你公司200万的合同——你应该一面微笑示意你面前的客人，一面对你电话里的客人客气地说："不好意思，我有一件急事需要处理。我待会儿给你打过去。”千万不要说“我有一位重要的客人”，这样会显得电话里的人分量不够——如果他们都是你的客人的话。

如果正好相反，你则可以在示意对方坐下之后，用稍为充裕的时间处理这次通话——当然，你也不能因此而怠慢眼前的客人。

<你的笑容、你的情绪、你的注意力的集中程度，实际上都会在你的声音中表现出来。因此，要想象跟你通话的人就站在你的面前，只有这样，你才能在电话交流中表现得更好。>

第七章
说服力

避免与对方争论

◎争论只会带来不利的影响，而对你想要达到的目的毫无用处。相信这一点，不要再因你一时的冲动而浪费你的时间和精力。

◎当别人发怒的时候，平静地等待着。不要试图在发脾气上跟他竞赛。等他能够听进你的话时，再跟他好好说话。

◎避免和对方争论——做到这一点本身并不难，难就难在每个人都有争强好胜的心理，而你要克服这种心理。

卡耐基口才训练班的学员一开始都一致认为，如果能够掌握一套轻易地说服他人的方法，那一定是十分美妙的事情；但是他们同时也认为，说服他人是口才中最难掌握的一种方法。

能够让别人改变想法和要求转而接受自己的想法和要求，无疑是很吸引人的。在所有的沟通中，说服术是最基础也是最重要的一种技巧。实际上，你在任何场合都能用到这种技巧——多得我都不用举例说明了。

但是我不同意学员们后一部分的说法，即认为学习说服术十分困难。我认为，世上并无真正的难事，关键在于我们是否肯运用正确的方法努力去做。而我也将把自己的经验告诉大家。只要把以下这些原则掌握了，你们会发现，说服他人也不是什么很难的事情。

美国报业大王霍斯托在他还没有出名的时候，就已经雄心勃勃地想要在新闻界占有一席之地。他在自己创办的报纸上发起了一个倡议，其主题是：在全市的电车道上装备救护网，保护儿童。他在自己的报纸上大肆宣传，同时还请美国漫画大师乃西欧为这一活动作画，以吸引读者的注意力。在一切进展得很顺利的时候，一个麻烦突然出现了：乃西欧作的画所反映的主题跟霍斯托想要表达的意思正好相反，因此根本不能作为宣传材料。

霍斯托想要乃西欧另外画一张合适的画，但他并没有找乃西欧直接说出来。因为这样一定会引起乃西欧的不满，搞不好还会跟他争吵起来。一天晚上，他邀请了乃西欧一起吃饭，在席间一直不停地称赞乃西欧的画，这当然让乃西欧十分受用。说了一会儿话之后，霍斯托把话题很自然地转移到了电车上，他对乃西欧说：

“我现在一看到电车就很不舒服，因为好像我看到的不是载人的电车，而是一辆辆运送人的骸骨的车。你知道，那些电车道上经常有儿童被轧伤或轧死。而那些开电车的司机，在看到那些穿过电车道的儿童时，似乎大都不怀好意。”

“这个题材很好，”乃西欧说，“我建议你把我以前送给你的那幅漫画撕掉，我会以这个题材重新创作一幅漫画送给你的。”

霍斯托知道争论的结果，因此他并没有直接跟乃西欧争论那幅漫画的对错，而是避免了争论，采取了一种暗示的方法，让对方意识到自己错了，并且主动提了出来。后来，乃西欧用了半个晚上创作的那一幅画，成功地使旧金山全市的电车道上都安装了救护网。

当你打算说服一个人的时候，最愚蠢的方法就是跟对方争论。我们已经知道，几乎没有人会因为争论失败而改变自己的想法。争论确实能够带给你一时的快感，但是却会使你得不偿失。

遗憾的是，有很多人经常犯这样的错误。年轻时候的本杰明·富兰克林就非常喜欢与人争论。当时他与镇上一个小伙子关系很好，两个人在一起的时候，常常争得面红耳赤。他们都非常喜欢辩论，很想驳倒对方，获得片刻的成就感。这种嗜好让他养成了一种习惯，那就是：在和人讨论的时候，他常常会不自觉地去寻求一种与对方不同的意见—不管是对还是错。富兰克林发现，除了一些律师、大学生和一些特别的人外，对一般人而言，这其实是一种非常不好的习惯。就像他，常常因为这种习惯而得罪人。

于是，富兰克林决定改变这种好争论的习惯。当他致力于提高自己的语言水平的时候，他看到了一本分析英语语法的书，其中有一篇关于逻辑的文章，是苏格拉底论证的实例，这让他受益匪浅。不久之后，富兰克林又找到了《回忆苏格拉底》一书，里面有大量的苏格拉底式的论辩的实例。富兰克林接受了这种方法，放弃了率性的反驳和绝对的争辩，从而让自己成为一个谦逊的提问者和怀疑者。这使得富兰克林彻底改变了自己在人们心目中的形象。

格拉瑞是卡耐基口才训练班的学员，他是纽约一家木材公司的推销员。多年来，他都在跟那些冷酷无情的木材质检员打交道。他们常常因为一个小问题而发生争执，有时候甚至吵得不可开交。争论往往是以格拉瑞取得胜利而告终，但是这种胜利却使他和木材质检员的关系冷淡，使公司总是赔钱。在上了卡耐基口才训练班的课程之后，他决定改变策略了。

一天早上，质检员打电话给格拉瑞说他们公司的木材不合格，现在已经停止卸货，并且要他马上把木材运回。当卸完木材总量的 1/4 之后，质检员声称这批木材的合格率仅为 50%。因此，他们拒绝接受这批木材。

格拉瑞很快赶到了现场。对方的采购员和质检员看到他之后，马上摆出了一副准备吵架的神态。格拉瑞说："我一声不吭，和他们一起走到了那些已经卸下的木材面前，并仔细地看了看那些木材，然后听了他们的意见。根据我的经验判断，他们又一次犯了错误，因为这种木材是白松。实际上，质检员对这种木材并不熟悉，他最熟悉的是硬木，但是他却自认为对白松木也很内行。而比较而言，我比他更熟悉白松木。

"如果在以前的话，我会马上指出他的错误，并和他进行一场争辩，但是这次我并没有这么做。我对他的木材分类方法没有提出任何异议，而是告诉他们，他们可以把不合格的木材挑出来，我立刻把它们运回去。这一办法果然很有效，他们立即变得热情起来，我们之间的紧张感开始消除，大家的关系也显得很友好。之后，我建议他们重新对这些木材进行检查，并提醒他们白松木和硬木是不一样的。质检员终于承认他其实对白松木没有多少经验，然后虚心征求了我的意见。"

最后，他们接受了全部的木材，给了格拉瑞全价的支票。从那以后，格拉瑞和质检员的关系越来越好，后来还成了朋友。

这种做法的作用多么明显啊！从"敌人"到朋友的转变，只是因为其中一方避免了争论。因此，如果你想要说服一个人，就要避免同对方争论。

任何一个人只要被他人攻击，都会下意识地树立起自我保护的意识。当他受到言语的攻击时也是一样的。因此，争论是不会使对方相信你说的话的。当你想说服对方时，你需要冷静地把事实指给他看，与他从容地交谈。

而且，争论往往会使你失去许多时间和精力，并且也会大大刺激你的血液循环，使你没有办法安静下来去理清事实的真相，或者找到更加完美的解决办法。从这个角度考虑，你也完全没有必要花这么多精力去干那种既没有意义也没有任何好结果的事情。

为了避免跟对方争论，我们在与对方意见发生冲突的时候，需要注意以下这些问题：

1. 欢迎不同意见

不同的意见往往带来看问题的不同角度，这会使你收获不小。一个人往往是从自己的立场出发，根据自身的经验和知识，以自己的价值观判断一件事情或一个人的，所以每个人都很难说自己的看法就是正确的。学会从别人的意见中去发现自己想要的东西，这样你就能够做到尽可能全面地看问题。也许这样，你就不会那么激烈地反对跟你持有不同意见的人了。

2. 了解对方的看法

不要一句话不和，就开始跟对方争论起来。你至少应该听完对方的话，这样才能明白他究竟想表达什么意思。不要想当然地认为自己能够根据一句或几句话给对方下结论，因为根据一般人的习惯，往往并不会在一开始就表明自己的观点。一开始就打断对方说话，急于下结论，这是没有忍耐力和没有修养的表现。

试着从对方的角度去考虑问题。站在对方的立场上，顺着对方的思路去思考。不要犯偏执的毛病，不要妄自尊大，也不要让别人觉得你纯粹是为了反对他而跟他争论。要让对方意识到，你是在发表意见，而不是在争论。

3. 态度真诚地发表意见

当一个人跟你谈话的时候，他并不是想听你的教训的。你们并不是说教与被说教的关系，而是平等的对话者。和你一样，他也会认为自己的想法是对的，并且毫不犹豫地使自己相信这一点。

如果你确实认为对方是错误的、你是正确的，并且能够确保这种判断不会有什么偏差，那么就用真诚的态度跟他说话。用一点儿技巧避免争论，循循善诱地使他慢慢地相信这一点，让他自己说服自己。

< 不和对方争论并不意味着你要舍弃自己的原则，隐忍自己。我们所强调的是如何艺术地把自己的观点表达出来，以及如何艺术地说服他人。>

间接地指出对方的错误

◎相互尊重，是人与人之间交往的基础。如果你妄图通过批评对方显出你的高明和优越，你是不会受到欢迎的。

◎委婉、暗示地说出对方的错误，让对方觉得这是他自己发现的错误，这会使对方更加容易接受。

当你发现对方犯了一个很明显的错误时，为了使对方能够尽快地改正，于是你好心地对他说："看，约翰，你刚才说的有这样一个错误……"你满以为他会感激你，但是结果却让你很意外，甚至让你感到不可理喻——他坚决不承认自己犯了错误，更不用说感激你了。

你没有必要因此而责备对方。这种事情太常见了，几乎每个人都会有这样的毛病。当别人指出自己的错误，尤其是直截了当地指出的时候，一般人似乎都受不了。他会因此而产生一种让人觉得不可思议的强大的力量，正是这种力量迫使他拒绝接受你的批评或指正，即使他明明知道你是为他着想的。

心理学家指出，这种强大的力量中有很大一部分是自我认同感在起作用。当自己所相信的东西被怀疑或否定之后，每个人都会产生一种焦虑，感到自己的自尊被伤害了，甚至感到自己的安全已经没有了保障。结果是，他会本能地拒绝承认自己的错误，即使他可能认为你说的是对的。因此，当你想要说服一个人，让他明白自己的错误的时候，千万不要直接指出对方的错误。

一天，查尔斯·史考伯经过自己的钢铁厂的时候，撞见几个工人正围在一起抽烟。他们显然忘记了公司禁止吸烟的明文规定，或者像很多犯错误的人一样存在侥幸心理。史考伯先生应该把他们揪出来，然后狠狠地批评他们吗？或者把那块"禁止吸烟"的牌子指给他们看？这都只会让对方感到难堪，并且对史考伯产生怨恨。只见他不动声色地走上前去，发给他们每个人一支雪茄，并对他们说："我们到外面抽去。"这些工人当然不会跟着史考伯一起出去抽烟，而是对他说："啊，我们忘记公司禁止吸烟的规定了。请你原谅。"然后赶快回到他们的工作岗位上去了。当然，我们能够体会到他们心里的那种复杂的感觉：既为犯了错误而感到自责，又为没有受到惩罚或指责而感到庆幸，同时对史考伯先生也越发尊敬。他们以后一定不会犯同样的错误了。

我相信，直接指出对方的错误，实际上就是在批评对方。任何人都不喜欢被他人批评，即使他明白自己确实做错了。但是人们却往往做这样的蠢事。从上面两个例子的结果来看，间接地指出对方的错误，是十分正确的。采用温和的语气，间接地指出别人的错误，这样就不会引起对方的反感。

确实，我们只要在指出对方错误的同时，注意维护对方的自尊，就容易收到很好的效果。这是十分符合人的本性的——正因为我们没有办法改变人性的弱点，所以只有使自己所做的事情符合人性。

那些聪明的人总是会想方设法这么去做，因为他们知道这样做的效果比直接指出对方的错误要好得多。马吉·嘉可布太太请了几位技术非常好的工人加盖房子。头几天，他们总是把院子弄得乱七八糟，到处都有木屑。一次，等他们结束了一天的工作后，聪明的嘉可布太太不露声色地叫来她的孩子们，和他们一起把木屑处理干净，堆到院子的角落里。第二天，工人们来的时候，她非常高兴地对工人们说：

“你们昨天把院子打扫干净了，我非常高兴。老实说，这简直比我们以前的院子还要干净。”

听到这些话后，那些工人十分高兴，以后都把木屑堆在了院子的角落。试想一下，如果嘉可布太太摆出一副雇主的姿态，那些工人会怎么样呢？他们会毫不犹豫地换另外一份活儿的，因为像他们这么优秀的建筑工人毕竟很少。

一些大公司或者机构的上层人物一般人通常很难见到，其中的部分原因固然是他们很忙，但是那些下属的“过滤”也是一个重要的原因：他们不愿意他们的上司被打扰，因此帮上司挡掉了许多看起来不那么重要的客人。这对那些上层人物来说并不一定就是好事。卡尔·佛朗在当佛罗里达州奥兰多市的市长的时候，就曾经遇到过这样的麻烦。他奉行的是“门户开放”政策。当时他规定，市民如果有事的话就可以直接来见他。但是，那些造访的市民却常常被工作人员挡在门外。

后来，为了圆满地解决这个问题，聪明的市长想出了一个高招儿：他叫人把他办公室的门给拆了。这样，他相当于在明白无误地告诉工作人员不要再阻挡那些造访者了。另一方面，他用行动暗示了工作人员的错误，但并没有直接指出来，这就给他们保留了自尊。

所以，为了劝服别人同时又不伤害别人，你需要间接地指出他人的错误。

当你找出一条理由来指出对方的错误时，对方一定会找出 10 条理由来反驳你。所以，千万不要让对方产生这种抗拒心理。

<不想让对方觉得你在以指出他的错误为乐，最好的办法莫过于用平和的语气间接地指出来。>

让对方以愉悦的心情与你交谈

◎不想使对方树立敌对的意识，最好的办法是使他感到愉悦，让他能够轻松地与你交谈，就像和一个老朋友聊天一样。

◎不要让对方恼怒、气愤或者消沉，不要触犯对方。要让他感到你在跟他进行普通的交谈，而不是辩论。

威尔逊总统曾经说过这样的一段话：

“当你捏紧你的拳头准备跟我说话的时候，对不起，我也会和你一样地捏紧拳头。但是如果你友善地对我说：‘让我们一起坐下来谈一谈，看如何解决我们之间的分歧。’这样我也会非常友善地坐下来。这样我们才可以看到，我们之间存在的问题可以得到解决，因为我们的意见分歧不大，并且共同点很多。只要有友善的态度，我们就容易取得一致。”

的确如此。多年的生活经验告诉我，当我想要说服一个人的时候，能够采取的最好的办法是使对方能够以愉悦的心情跟我交谈；而如果我采取的是愤怒、粗暴的态度，对方就会感觉受到了威胁，那么我们多半会解决不了问题。

这个现象很好解释。当我采取的是愤怒和粗暴的态度的时候，那么对方会感到我和他是敌对的关系，我是他的敌人——我们知道，基本上人们都不会听信敌人的意见。对方会不自觉地在我们之间设一道鸿沟，使自己处于绝对的安全之中。我们可以想象，在这样的态度之下，想要说服一个人会有多难。

怀特汽车公司的工人为了增加工资而举行了规模巨大的罢工。公司的总经理卡特先生并没有像多数的老板一样，在这样的情况下采取强硬的态度。他争取使工人们有一个愉悦的心情，从而使他能够跟他们在平和、友善的环境中进行对话。他积极地做了一些事情来做到这一点。卡特非但没有恐吓和威胁工人们，还在报纸上刊登广告，称赞他的工人们是“放下工具的和平者”。他为工人们买了棒球棍和手套，让他们因为罢工无事可做时可以在空地上打棒球；他还租下了一个保龄球室，供工人们在闲暇的时候使用。

他在适当的时候和工人的代表进行了谈话，谈话气氛十分友好。看得出来，工人对公司已经由敌对态度变成了可以谈判解决问题的平和态度。这次罢工在一周内就被解决了，卡特的做法给那些老板们提供了一个十分出色的范例。

史特劳伯觉得自己租的房子租金太高了，想要房东把租金降下来。于是，他写了一封信给房东，说他的房子的租期快到了，如果能够适当地降低房租的话，那么他还打算继续住下去。其他的房客却觉得这个方法根本行不通，因为房东是一个十分顽固和吝啬的人，他们都试过这个方法，结果都失败了。

房东看了史特劳伯的信后，就来找他了。史特劳伯站在门口欢迎他，并且一开始绝口不提降低房租的事情，而是一个劲儿地说他非常喜欢这所房子，他实在不愿意搬走。他还对房东说，他现在已经总结出对这所房子的管理办法了。

这使得房东非常高兴。很明显，从来没有一个房客像史特劳伯这么欢迎他，他甚至都有一点儿不知所措了。

房东对史特劳伯讲他的房客让他感到十分烦心，他对他们都没什么好感。他们总是抱怨这抱怨那，有一位房客甚至给他写了 14 封信来侮辱他。还有一位房客威胁他说，如果楼上的人还想睡觉的话，办法只有一个，那就是降低房租。

“你真是一个惹人喜爱的房客，”房东对史特劳伯说，“能够遇到你这样的房客，真是让我太高兴了。”

接着，还没等史特劳伯开口，他就主动提出降低史特劳伯的房租，所降的房租比史特劳伯自己想象的还要多。临走的时候，他还提出打算对史特劳伯租的房子进行装修。

史特劳伯的方法十分简单，那就是尽量使对方感到愉悦，从而能够在友好的气氛中进行交谈。

当别人犯了错误的时候，不要气势汹汹地去批评他，这样多半会导致对方的反感和反抗。你应该采用一定的技巧，使对方以愉快的心情与你交谈，这样才会使对方能够被你说服。

我们相信，愉悦的心情会使一个人有勇气承认自己所犯的错误，从而接受对方的批评和建议。而这种心情在多半情况下都必须由对方提供一个很好的谈话环境来获得，因为心情确实与谈话环境有很大的关系。

美国通用汽车公司想要在一个分公司附近新建一处车间。当在附近收购地皮的时候，他们遇到了一个麻烦。这块地皮的大多数主人都肯将其转让，但是有一位叫伊兰特的老太太却拒绝转让。伊兰特老太太所拥有的那块土地，正位于整块地皮的正中央，因此公司必须将其收购。公司派了许多人去“攻关”，但是都失败了。

建筑工期马上就要开始了，时间十分紧迫。公司经理弗莱克为了不至于因为这一块土地而影响整个计划，决定亲自去说服这位老太太。出发之前，他精心为自己“打扮”了一番。他戴着一顶破草帽，穿着一件破旧不堪的衣服，出现在了老太太的面前。这位老太太简直把他当成了一个苦工——而这正是弗莱克所希望的，他想使这位老太太看起来更加尊贵一些。

“我是通用汽车公司的一个经理，”弗莱克说，“我叫弗莱克。我从来没有见过像你这么高贵的老太太，我不得不说，你的生活品质比我的高多了。我相信，像你这样的老太太生活在这样简陋而狭窄的屋子里，未必符合你的身份。你应该搬到更加漂亮的地方去，这样才能使你更加体面和舒心。”

老太太才不会理会弗莱克的打扮是不是故意的，或者他的奉承话是不是真心的，但是她的确非常高兴。弗莱克继续和她谈论转卖土地的事情。这时候，老太太已经不像先前那样冷淡了，而且也不像弗莱克的员工所说的那样顽固。几天之后，老太太打电话给弗莱克，决定将她的土地卖给通用汽车公司。而她所提出的价钱，比弗莱克所预计的更是少了一半。

因此，尽量使对方以一种愉悦的心情跟你谈话，这样会使事情变得更加容易解决。弗莱克用了什么高超的手段吗？没有。他只不过是营造了一种平和的、令对方愉悦的谈话环境。原来看起来好像不可能成功的事情，却因此而变得如此简单！

＜以一种宽容的态度面对对方的过失，不要伤害对方的自尊心。这是使对方愉悦的基本前提。＞

满足对方的心理需求

◎了解对方，了解他有什么需求，然后，尽量满足他的需求。

◎不要以为满足对方的心理需求需要做出多大的牺牲，好像自己会丢掉什么东西一样。正如我们知道的那样，在我们给予他们这些东西之前，这些东西是没有丝毫价值的。

◎当然，我们不能无原则地去满足他人的心理需求。我的意思是说，我们不能对一个无法赞美他英俊的人说他英俊，如此等等。这样做会给我们带来麻烦。

拿破仑 26 岁的时候，已经是法国意大利方面军的总司令了。当时，全军正处于军需供应十分紧张的困境之中。但是拿破仑却在这样的时候做出了一个重要决定：攻打通往意大利的要塞，然后占领意大利。在部队出发之前，他向他的士兵们这样演说道："伟大的法兰西的士兵们，我知道你们现在的处境十分困难，我们的共和国亏欠你们太多了。但是，就目前而言，我们并不能为你们做更多的事情。而现在，我将要带领你们到敌人最富足的地方去。到那里之后，你们将丰衣足食，你们将拥有富饶的城镇和乡村，你们将拥有美好的前景。为了你们美好的生活，鼓起你们的勇气吧！"

拿破仑的演讲激励了那些原本身心俱疲的士兵。最后，他们在统帅的带领下，终于一鼓作气攻进了意大利。《拿破仑》一书的作者雷特伊评论道："正是他的说话魅力，成就了他伟大的事业。"

我们知道，人们做一件事情——无论他有多么高尚——总是为了达到自己的某种目的。这可以说是常识性的知识了。奥福斯教授在《影响人类行为》一书中写道："行动，总是由一定的基本欲望而引起的……不管是在商界、家庭、学校还是在政治界，那些能够引起别人渴求的人，才真正是不败的高手。"我们看到，拿破仑正是因为抓住了士兵们的心理需求，才能发表富有鼓动性的演讲，从而在那么困窘的条件下建立战功。

那么，一个人究竟需要什么呢？美国学识最渊博的哲学家之一约翰·杜威认为，人性本质中最深远的驱动力就是"希望具有重要性"，但是这显然还不够全面。一般来说，大多数人都希望拥有以下这些东西：

（1）健康。

（2）食物。

（3）睡眠。

（4）金钱以及用金钱可以买来的东西。

（5）未来生活的保障。

（6）性满足。

（7）儿女的幸福。

（8）被人重视的感觉。

能够让人做一件事情的办法，就是满足他想要的那种需求。这个道理非常简单，甚至简单到人们容易忽视的地步。据统计，在我们这个号称发达的时代，有90%的人在90%的时间里忽视了它的作用。

用来证明的事例不难找到。下面这件事能够突出地反映出人们对这种常识的忽视。这是广播公司发给无线电代理商的一封信，而括号里的文字则是一位叫作布兰德的部门经理读信时的感受：

亲爱的布兰德先生：

我们公司希望能够继续保持无线电行业内广告业务的绝对领导地位。

（你们公司跟我有什么关系？我自己的事情都忙不完：作为抵押，银行正准备没收我的房子；昨天股票大跌，我损失惨重；我的花草被害虫吃得只剩下几根主茎；早上我误了火车，上班迟到了30分钟；我的头皮现在还在发痒，医生说我血压高、有皮炎、头屑多，好像我全身没有一处好的器官。天知道接下来还会发生什么倒霉的事情。一大清早就读到这样的信，简直倒霉透了。这个家伙还在向我絮叨他的破公司，滚他的吧！如果他知道这封信带给我的印象，他肯定会离开广告界，改行去卖消毒液了。这样我就不会读到这样让我烦心的信了。）

本公司的客户是无线电台。我们每年的营业额是全行业首屈一指的。

（高高在上，不可一世。那又怎么样呢？你的公司有多大关我什么事？即使你把全世界联合起来了，我也不会管的，我只管自己有多大。你们公司非常大、非常成功，可是，就我自己而言，你们公司简直太渺小了。）

我们希望把有关无线电台的最新消息及时提供给我们的客户。

（你们希望！你们希望！你这个不知深浅的家伙。你有什么希望关我什么事呢？我告诉你吧：像你一样，我只对自己感兴趣！但是你却只字不提“您的希望”。）

你应该把本公司当作优先对象。

（我“应该”？我应该怎么做用得着你来告诉我吗？你以为你是谁？你自吹自擂，让我把你作为“优先对象”，居然连一个“请”字都不说。）

立即回信。告诉我你们最近都有哪些活动，这样对双方都有好处。

（愚蠢的家伙！这样一封丝毫没有礼貌的复写的信件，就想让我在担心我的房子会被抵押的时候给你写信？真有意思。我们做了什么，用得着告诉你吗？你说说，这样做对我有什么好处？）

你会指责布兰德自私吗？即使是这样，其实我们每个人也都跟他一样。问题的关键在于，这家广播公司发出的这封信——我们知道，都是一样的内容——会收到多大的效果，这是我们可以预料到的。他们在写信的时候没有考虑读者的心理，从不去想别人想要的是什么，而只是大谈特谈自己想要什么。每个读者的心理跟这位布兰德应该都是差不多的。

作家欧文说过："能够设身处地地为他人着想、了解他人的心理，这样的人不必在意自己的前途，因为他们不会没有前途的。"这句话的确不错。社会交际学上也有一句名言与此对应：先满足别人的需求，然后才能满足自己的需求。

幼儿园的那些老师应该是我们学习的榜样。我曾经在幼儿园开学的时候去过一次幼儿园，成百上千的孩子随着父母前来，再加上孩子的哭声，整个场面显得十分混乱。当时我感到头皮发麻，但是那些老师却镇定自若。我曾经问过一个幼教是怎么处理这些问题的，她说："这一点都不难啊！"

她的回答让我吃惊。如果换作是我，我会认为这简直是天底下最难做的事情了。于是我问她："对于那些初来的孩子，他们总是有很多麻烦事，比如大小便、哭哭啼啼、害怕等。你们是怎么应付的呢？"

"只要你知道了他们的心理，知道他们需要什么、对什么感兴趣，这些就都不是问题了。"那位老师回答道。

这位老师接着告诉我，孩子们经常需要家长陪同来上课，但是如果老师说："约翰，你看玛丽都不需要妈妈陪同了，你让妈妈留在家里，给你做最好吃的午餐怎么样？"这样，小约翰多半就会主动要求不再让妈妈陪同来上课了。而应付那些爱哭的孩子，老师会说："杰克，你看大家都没有哭，就你一个人在哭了。等一会儿，我会给那些不哭的孩子发一块好吃的蛋糕。”那个孩子会马上停止哭声。

同样的道理对大人当然也很适用。律师威廉·埃米尔就因此而得到过“意外之财”。那是他头一次陪着自己的妻子去长岛看她的姑妈，妻子有事离开了，剩下埃米尔一个人陪着姑妈聊天。因为他看到独处的姑妈实在没有多少快乐可言，于是就想办法使她高兴起来。

“你的这座房子非常古雅，”埃米尔说，“是不是建于1890年前后？”

“是的，”姑妈回答说，“正是那一年建造的。”

“拉苏尔以前就经常跟我描述你的房子，我开始还很怀疑，现在我却一点儿都不怀疑了。现在已经没有房子像这座房子这么漂亮了。它的设计结构简直太完美了！它让我想起了我的老家。”

“是啊，”姑妈说，“不过，现在的年轻人并不关心这些，他们只需要冰箱和汽车。”

埃米尔请求姑妈给他讲一讲这座房子的历史，因为人往往在谈论自己往事的时候最快乐。果然，姑妈同意了。她很高兴地告诉他：这座房子是她和丈夫亲自设计的，然后用了很多年的时间才建造完成，而它也见证了他们的爱情，凝聚了他们的理想和希望。

然后姑妈领着他参观了这座房子的很多古老的房间以及各种器具，埃米尔表示了自己由衷的赞叹和惊喜。最后，他们来到了车库，埃米尔看到了一辆全新的凯迪拉克轿车。

“这部车是我丈夫去世前不久买的，”姑妈说，“在他死后，我再也没有开过它。现在，我打算把它送给你。”

这让埃米尔感到十分意外，他并不想接受这么贵重的礼物，况且他也没做什么。他建议她把这部车留给她的直系亲属，他们一定会喜欢的。

“当然，”姑妈激动地说，“他们当然会喜欢。他们巴不得我马上死去，然后开走这辆轿车。可是，他们是不会得逞的。”

“这样……”埃米尔为难地说，“你也可以把这部车卖给旧车市场。”

“绝不！”姑妈喊了起来，“我决不会卖掉它的。我无法想象一个陌生人坐在我丈夫的车上，开着车到处乱跑的情形。况且，我要钱做什么呢？你是一个懂得欣赏的人，我才会把它送给你。”

埃米尔无法再拒绝姑妈的好意，因为这会让她伤心。

我们可以想象，一个住在古老的房子里的老太太，她心里最需要的是什么？她的精美的房子、贵重的文物，这些东西代表着她的过去。如果有人对她赞美和欣赏，就表示了对她的过去的赞美和欣赏，而这正是一个人最想要得到的东西。也许在她看来，只送给埃米尔一辆汽车还不足以表达她的感激之情。这一切，只不过是因为埃米尔满足了她的心理需求——即使他并不想得到什么。

斯通就是通过这种方法创办了芝加哥《每日快讯》，并且赢得了许多读者。他把该报的读者按照收入的多少分为4个层次，在每个层次中选择了4000个读者，针对他们进行了详细而深入的调查。他对他们所感兴趣的、所希望的以及对该报的态度、建议和批评等，都进行了详细而深入的分析和总结。通过这样的研究，他对这些读者需要什么、对什么感兴趣都有了一个十分全面而深入的了解，并将其用来指导办报。这正是这份报纸的成功秘诀。

《波士顿报》的创办者格鲁吉也是运用同样的方法让报纸的发行量与日俱增的。他在创办自己的报纸之前，只是一个默默无闻的记者。报纸创办之初，他每天都到人群中去闲逛——要么叼一支雪茄听大家讲各种事情，要么跟别人聊天。他通过这种方式知道了读者们感兴趣的事情，了解了他们的需要。这些东西对一份报纸甚至对整个商业运作而言，都是极为重要的。

<如果可能的话，多读一些心理学方面的书，这样会使你更加详细地了解人的心理需求。>

戏剧化地说出自己的想法

◎我们相信，每个人都是出色的戏剧家，只是要看不同的方面而已。千万不要怀疑自己戏剧性地表达意见的能力。

◎戏剧性地表达自己的想法，要求有一定的夸张，但是却不能过于夸张，因为这样容易使你看起来像一个小丑。人们往往会在笑或者欣赏你的戏剧表演的同时忘记你所想要表达的意思。

几年前，有人恶意地攻击《费城晚报》，指责其刊登的广告太多、新闻太少，完全没有可读性，并且劝晚报的读者以后不要再继续买晚报了。

对这样的问题当然必须做出反应，不然的话，晚报的声誉将会受到极大的损害。可问题在于，应该如何反击才会取得很好的效果呢？一般的做法是写文章反驳这种观点或者登声明澄清此事，较激进一点的做法是诉诸法律。但是对人们而言，这些方法丝毫不能引起他们的注意。

《费城晚报》的做法是这样的：他们把以前每天刊登的各种新闻

摘录下来分类整理，结集出版了一本书。这本名叫《一天》的书总共有 307 页，它的内容超过了一本售价 2 美元的书的内容，但是却只售 2 美分。这样一来，那些恶意的攻击自然不攻自破，因为，这本书的出版证明了《费城晚报》每天都有大量可读性强、价值高的新闻报道，而且也证明了营利不是它的唯一目的。这种富有戏剧性的做法，使得人们马上就恢复了对晚报的信赖，甚至比以前更加愿意购买晚报了。

好奇是人类的天性之一。如果你想要表现自己的意图，对他人进行说服，你可以戏剧性地表达自己的观点。这不但会使他更加乐于接受你的观点，而且也会使他的印象更加深刻。

戏剧性地表达自己的意思，在商业领域中应用极为广泛。这是因为，在商品经济时代，商业是最具竞争性的一个行业，人们需要借助最有效的方法来取得竞争的胜利。

在《商业中的表演》一书中，科德与考夫门介绍了许多富有商业戏剧性的表演方法，让人们感到，这些商家真是绞尽脑汁在销售他们的产品。我们在这本书里可以看到：伊莱克斯的销售员们在顾客的耳朵边擦燃火柴，用这种声音跟冰箱噪音相比较，从而证明他们的冰箱噪音是最低的；一顶本来只卖 1.95 美元的帽子，因为签上了明星的名字而受到人们的追捧；推销员在销售证券的时候，并不是只拿着一张证券向人们拼命地兜售，而是拿着两张不同的证券，并且告诉人们，两张证券在 5 年前都是 1000 美元，但是他所销售的那张却比 5 年前高出许多，而另外那张却是跌入谷底的。

米老鼠的名字曾经挽救了一家濒临倒闭的公司，这已经不是什么新闻了；一盏吸顶灯的意外脱落，使糖果交易会上的一家展销商的糖果销量增加了一倍；克莱斯勒让一头大象站在他的汽车上，以此来证明汽车的牢固性和坚实程度，结果，果然收到了很好的效果。

不论你是否承认，我们这个社会是一个戏剧化的社会。我们常常有这样的感觉：吸引我们的东西太多了，我们往往不知道该把自己的目光投向何处。所以，仅靠语言述说已经不能使别人同意我们的看法，甚至于连吸引他们的目光都变得十分困难。因此，我们必须寻求一种更加生动、更加富有戏剧性的行动或语言来吸引人们，进而达到说服他们的目的。

美国一家生产“美的思”牌透明丝袜的公司就是因为一则轰动性的广告，使他们的丝袜迅速走红，最后成为世界名牌的。让我们来看看这则广告有什么高明之处。

电视上出现了一双穿着长筒女丝袜的美腿。然后，一个很动听的女性声音响起来：“让我们来证明，‘美的思’丝袜可以使任何形状的腿都变得非常美丽，它是美国一流的女性用品。”

镜头往上移——这是一个十分缓慢的过程。观众顺着镜头往上看，猜想拥有如此美腿的是怎样一位美丽的女子或者是哪位迷人的女明星。

但是结果却出人意料，拥有这双美腿的原来是一位著名的男性棒球运动员。那位棒球明星笑容可掬地对观众们说道：“我当然并不穿长筒丝袜，但是我想，‘美的思’丝袜既然可以使我这样一双变形的腿变得如此漂亮，相信也一定能够使女性的腿变得更加美丽吧！”

我们可以想象一下，如果这则广告换成是一个妇女穿着“美的思”丝袜的话，会不会收到这么好的效果呢？或者，只凭着一般的广告，会不会说服人们相信“美的思”丝袜的作用确实非常明显呢？

杰姆·伊莫斯是一家公司的收款机推销员。一天，当他在一家规模不大的杂货店推销时，他发现这个店里的收款机已经非常陈旧了。看得出来，老板是个吝啬的家伙，并不是那种可以轻易被说服的人。于是，伊莫斯灵机一动，把手里的硬币往地上一扔，然后对老板说："你每次在收款时，都会像这样直接把钱丢在地上的。"这个戏剧性的动作和语言吸引了老板的注意力，他最后终于决定换掉店里的全部收款机。

戏剧化的表现——包括行为和语言——不仅适合于商业运作，如果你并不从事商业，你也可以把这种方法用于工作和生活的很多方面。

逢德先生的可爱却很调皮的儿子和女儿，经常把他们喜爱的玩具丢得到处都是，等到想要玩的时候，又总是找不着。逢德先生已经跟他们说过很多遍，要求他们改变这个习惯，可是他们就是不听。有一次，逢德先生制作了一辆"火车"——把儿子的三轮车当火车头，女儿的篷车接在后面当货车。当晚上儿子驾驶火车头在室内绕行的时候，女儿就把丢在地上的玩具当作货物，并全部装进货车。从此以后，他们也慢慢地养成了新的习惯。

以前，男人们在向心爱的女子求婚的时候，往往不仅说一些山盟海誓的话，而且配合自己的动作——正像我们在电视里看到的那样——单膝跪地，以表达自己的诚意。这种招式虽然古老，但是却非常有效。现在，男人们虽然不再单膝跪地了，但是在求婚之前一般都会做一些事情，以营造一个浓重而有情调的氛围，然后再向女子求婚。

玛丽小姐最近在工作中遇到了一些问题，她很想找老板谈谈。但是老板却一直没有时间，所以把约见她的时间一直往后推。玛丽认为这些问题应该尽早得以解决，于是就采取了一个戏剧性的办法。她给老板写了一封信，在信里详细地说明了这些问题的重要性，并且附上了一个写有自己名字的回信信封和一张回复单。她在回复单上这么写道：

玛丽小姐：

拟定于 __ 月 __ 日 __ 点抽出 __ 分钟与你面谈。

这一做法确实很有效果，第二天玛丽就收到了老板的回信。他们约好谈 10 分钟，结果却谈了 1 个小时，直到把问题彻底解决。

《美国周刊》的詹姆斯·伯顿花了很大的心血做好了关于润肤霜的调查报告，却遭到了他的客户——一家化妆品公司的全盘否定。对方的广告部经理声称这个调查报告不符合他们公司的要求，需要重新确定一个调查方法进行调查。他对伯顿大喊大叫，而伯顿也不甘示弱，竭尽全力为自己辩护。最后，伯顿看起来似乎占了上风，但是谈话却没有任何效果。

当伯顿第二次去见那位经理的时候，他戏剧性地把自己调查的事实展现了出来。他把自己带去的手提箱打开，让那里面的 32 瓶不同品种的知名品牌润肤霜展现在经理面前。而这些润肤霜的瓶子上都标有调查的结果，简明扼要地说明了它们的历史和现状。这是一种全新的报告形式，巧妙地避免了无谓的争论。经理一瓶一瓶地拿起那些润肤霜仔细地看，并不时地问一些问题。他看起来很感兴趣，本来约定的谈话时间是 10 分钟，但是这次谈话却持续了 1 个小时。因此，虽然这次的调查报告跟上次一模一样，但是由于这次采取了戏剧性的表达方式，因此效果截然不同。

我们可以看到，如果你在表达自己想法的时候，采取了戏剧性的表达方法，那么一定会取得非常好的效果。

戏剧性地表达自己的想法主要有两个目的，即想办法吸引人和用夸张的方法说服人。

<有的时候，如果我们有一些不便直接说出的想法，也可以用行动或者语言戏剧性地表达出来。>

让对方觉得那是他的主意

◎让别人以为那是他的主意——这可以算是逆向思维的一种：当你不能轻易地说服别人的时候，何不让他自己说服自己呢？

◎影响一个人的最好的办法就是在不经意间将一种意见移植到他的脑海中，从而变成他自己的意见。

费城一家汽车经销商的经理约道夫最近发现他的业务员们非常散漫，于是他召开了全体业务员参加的会议，并鼓励他们在会上说出自己对公司的期望。这些业务员非常高兴地把自己的期望说了出来，约道夫则把它们都记在了黑板上。当他们说完的时候，约道夫说：“公司会尽力满足你们的期望，但是你们知道公司对你们的期望是什么吗？”

这个问题在业务员中间引起了热烈的回响，他们都把自己所认为的公司对他们的期望说了出来，如忠诚、乐观、合作、进取等，还有些人甚至说，公司希望他们能够每天工作 14 个小时。当然，其中有些是约道夫并没有想到的，但是他们都愿意去做。那次会议之后，大家都一扫以前的低迷态度，一个个精神焕发，而公司的业务量也出现了很大程度的增长，这是约道夫始料不及的。

你只要稍微思考一下就可以发现，这次会议之所以能够成功，是因为他们觉得公司对他们的期望是他们自己想出来的主意，变成了他们自己的诺言——既然约道夫实现了自己的诺言，那么他们也必须实现自己的诺言。

心理学研究表明，没有人愿意被强迫或者被命令去做一件事情，除非他认为那是自己的想法，是自己觉得必须或者应该这么做的。相对于别人的意愿而言，人们通常更加关心自己的意愿和需要。

因此，如果你打算硬生生地把自己的意见塞进别人的耳朵里，你不妨先考虑一下这样做的后果会是怎样的。

罗斯福总统对这一方法运用自如。还是在他当纽约州州长的时候，他就跟州内的那些政界要人相处得十分融洽——我们知道，这并不是一件容易的事情。他究竟使用了什么妙方呢？其实很简单，那就是当他想要别人同意某一件事情、某一项决定的时候，他会让对方觉得那是他自己的主意—谁会不同意自己的主意呢？

比如，罗斯福曾经成功地推行了一些政要本来不喜欢因此也不会让其通过的方案。他是怎么做到的呢？我们不得不佩服罗斯福的领导才能。当一个重要的职位空缺的时候，罗斯福会请那些政界要人推荐合适的人选。一开始，他们推荐的是一个不受欢迎、需要被照顾的人选，但是罗斯福告诉他们，这样的人选公众肯定不会喜欢；接着，他们推荐了一个没有多大本事但是也没有多大缺点的人，罗斯福同样告诉他们，这样的人公众也不会喜欢；然后，他们推荐了相对来说比前两次好的人选，但还是不理想——实际上，他根本不符合罗斯福的要求。

但是罗斯福并没有说出来，而是对那些政界要人表示感谢，因为推荐人选确实是很麻烦的事情。他请他们再次慎重考虑，以求达到一个完美的结果。他们也觉得，这样的人选确实不理想，于是就推荐了第四个人，这个人同时也是罗斯福理想的人选。罗斯福任命了这个人，并把功劳算在了那些政界要人的头上，这样就取得了皆大欢喜的结果。这时候，罗斯福趁机说："各位先生，刚才我做了让你们高兴的事情，而现在，我想该是你们让我高兴的时候了吧？"

接着，他就提出了自己的方案，而那些反对者也表示支持这个方案。

这个方法即使在罗斯福做了总统以后，也一直在使用。凡事他都尽可能多地征询其他人的意见，并对他们的建议表示理解和尊重。当罗斯福需要别人同意自己的意见的时候，也往往想办法让对方觉得那是他自己的主意，而罗斯福只是听从了他的建议而已。

卡耐基口才训练班有一位学员洛宾在长岛从事二手汽车经销。一天，一对苏格兰夫妇找到他，想要买一辆二手汽车。这当然是好事。但是那对夫妇却很挑剔，洛宾带着他们俩看了一辆又一辆旧车，但是没有一辆合他们的心意——洛宾甚至认为，他们是想用一辆二手车的钱买一辆新车。当他把这件事情告诉班上的学员时，学员中有人告诉他："不要向那些摇摆不定的人推销你的汽车，而要让他们觉得这是他们自己的主意。"

几天后，一位顾客想要卖掉他的汽车，换一辆新车。洛宾马上想到了那对苏格兰夫妇。他打电话给他们，并对他们说自己有一些问题需要请教他们。

他们很快就来了。洛宾对男人说："从上次的谈话中，我知道你对汽车很内行。所以，烦请你替我为这辆车估个价，这样我才不至于亏本。”男人很高兴洛宾向他请教问题。他开着这辆车出去，一直从牙买加开到了佛罗里斯特山。当他回来之后，他对洛宾说：“如果你能够以低于300美元的价格收购此车的话，那么你一定不会吃亏。”

洛宾问他：“那么，如果我以300美元买进，你会不会接受这个价位，从我这买走这辆车呢？”

“当然会，”男人回答道，“实际上，这非常合算。”

洛宾的成功之处在于，他让对方自己给出一个价位，让对方觉得那辆车300美元的价位是自己的主意，而他当然也乐意从洛宾手里买走那辆车。

布鲁克林市的一家医院打算购进一台X光检查仪，具体的购买事宜由艾沃尔医生负责。那些消息灵通的推销员们一下子就把艾沃尔医生包围住了。他们向医生介绍自己的产品的优越性能和低廉价格，希望能够打动这位医生。

艾沃尔医生感到十分为难，因为这些产品让他眼花缭乱，而推销员的花言巧语也不能尽信。一天，他收到了一封信，写信的也是某一家X光检查仪的制造商。

最近我们生产了一种新式的X光检查仪。由于是新产品，毫无疑问，它在某些方面一定可以继续改进。但是，我们并不知道该如何改进。你是这方面的专家，我们非常希望你能在百忙之中来看看我们的仪器，给我们提出改良的方案，使它能够适合医院的临床应用。你的时间非常宝贵，但是我们还是希望你能够前来，届时我们将派专车去接你。

这封信让艾沃尔医生受宠若惊。实际上，他对这种X光检查仪并不很熟悉，也没有人向他征询过有关这种仪器的意见。虽然他很忙，但是他还是取消了其他约会，去看了那套设备。结果呢？可能因为心理因素作怪，他越来越喜欢那套仪器，并且相信那套仪器简直无懈可击。最后，他主动说服了医院方面购买了那套设备。

制造商巧妙地让艾沃尔医生自己去发现仪器的优点，并说服自己购买了那套设备。这种方法确实高人一等，也难怪他们能够成功地取得竞争的胜利了。

因此，如果你想要别人相信你的观点，你必须想办法让对方以为这是他自己的主意，而不是你的命令或者强迫，这样他才会欣然接受。

<你只需适当提示，让他主动地思考下去，他就会得出跟你一样的意见，但是如果你这么做的意图过于明显，他就会采取抵抗的心理。>

假如是自己错了就赶快承认

◎不要试图掩饰自己的错误，这样并不能带给你任何好处。相反，当你的错误被人们发现的时候，你将会失去许多人的信任。

◎承认自己的错误并不比掩饰自己的错误难。可能很少有人真正想到真诚的性格有多么大的说服力。

◎承认自己的错误可以帮助你说服他人，因为这会使他以你为榜样。

如果你是对的，你要温和地、巧妙地取得别人的同意；当你意识到自己是错误的时候，你应该当即真诚地承认自己的错误。

我经常带着我的波士顿哈巴狗——我把它叫作里克斯——到离我家不远的森林公园散步。由于里克斯性格很温和，而且公园里一般很少有人，所以我通常不给它拴狗链和戴口罩。

一天，像往常一样，我正跟里克斯享受公园里清新的空气和怡人的景致的时候，却碰到了一个警察。这老兄好像急于建立自己的权威，他对我大声说："先生，你为什么不给你的狗系上皮带或者戴上口罩呢？你不知道这是违法的吗？"

"我知道，先生，"我对他说，"可是我想它是不会对别人造成伤害的。"

"你想不会?！法律可不管你怎么想！这只狗也许会伤害松鼠，也许会吓到孩子。这次就算了，如果下次再看到你这样的话，你就得去跟法官解释了。"

我答应了他。但是当我试了几次之后就放弃了，因为我发现里克斯不大喜欢被拴起来或者戴上口罩。我决定碰碰运气，我想也许不是那么容易再碰到那位警察先生的。但是不幸的是，一天下午，当我和里克斯越过一个小山丘的时候，我们再次碰到了他。

"警官先生，"我决定先发制人，于是说，"你上次已经警告过我了。这次我不想给自己找借口，因为我确实违了法。请你处罚我吧！"

"是的，是的。"出乎意料的是，警察却用柔和的口气说，"不过，我知道在这周围没有人的时候，谁都忍不住会带这样一只可爱的小狗出来散步的。"

"不错，"我说，"可是，这毕竟是违法的。"

"这样一只可爱的小狗，怎么会伤人呢？"警察看着里克斯，好像在替我辩解。

“但它也许会伤害松鼠，或者吓到小孩。”我说。

“哦，不，”警察说，“你太认真了。让我告诉你该怎么办吧！你只要带着你可爱的小狗越过这个山丘，我将看不到你们。我想我会很快忘记这件事的。”

可以理解，这位警察先生希望受到尊重，所以在第一次的时候，态度十分强硬，但是第二次当我主动承认错误的时候，他由于得到了尊重，就采取了宽容的态度。但假如我还在为自己辩护的话，结果会怎么样呢？你想象一下与一个警察辩论的情形吧！

我没有和他正面辩论，而是毫不犹豫地承认他是绝对正确的，我是绝对错误的。我站在他的立场说话，而他也反过来开始为我说话。这件事就这样在平和的气氛中解决了。这位警察显得是如此的宽厚仁慈，而就在一个星期以前，他还曾以法律的惩罚来威吓我呢！

所以，当我们知道自己犯了错误免不了要受到惩罚的时候，为什么不主动地承认自己的错误呢？自己责备自己，不是比受别人的斥责要好受一些吗？要是你知道别人可能正想把你的错误指出来，你为何不在他说出来之前以攻为守，自己把他要说的话说出来呢？因为这样的话，他很有可能会原谅你的——就像那位宽厚仁慈的警察先生一样。

在社会交往中，如果我们拒绝承认自己的错误，这样做的后果是什么？那就是不可避免地导致人与人之间失去信任。在这种情况下，如果你想说服别人做什么事情或者同意你的意见，别人会说——即使口头不说——“你连自己犯的错误都不承认，有什么资格来要求别人呢？”

费狄南·华伦是一位商业艺术家，他曾讲过这么一个故事：

“我们公司的美术编辑要求将他们交代的工作马上做好，在这种情况下出现细小的错误当然是在所难免的。而有位美术主管，总是喜欢鸡蛋里挑骨头。我每次离开他的办公室时，总会感到不舒服。这并不是因为他批评了我，而是因为他攻击我的方法有问题。最近，我交了一份十分急的画稿给他，之后他打电话叫我立刻赶到他的办公室，说是出了问题。

“当我赶到那里时，他开始责问我为什么会犯那样的错误。他看起来很得意，因为终于有了挑我毛病的机会。而我一改往日的态度，对他说：‘主任，如果你说的是真的，那么我真的错了。我十分惭愧我会有这样的过失，而对这些过失，我决不想推脱。我为你作画这么多年，应该知道怎么做更好些才对。’

“果然，不出我所料，他立刻开始为我辩护了，说这其实也不是很严重的错误。我坚持说：‘无论什么样的错误，我都必须为此付出代价，否则会让人觉得讨厌。’

“我并没有给他机会让他插嘴。我有生以来第一次批评自己，我发现自己喜欢这么做。

“我继续对他说：‘我今后会更小心些，你给了我许多机会，我应该尽力做到最好才是。我打算重画一次。’

“‘不！不！’他急切地表示反对，‘完全没有必要。’接着，他称赞了我的作品，并且对我说他只不过是想做个小小的改动而已，这点儿小错没什么大不了的。这毕竟是小节，不值得担心。

“我真诚地自我批评，使他怒气全消。最后，他还特地请我吃了午饭，给了我一张支票，并交给我另外一项工作任务。”

一般情况下，人们总是会为自己的错误辩护，这好像是一种发自本能的举动。但是如果你打算获得别人的谅解，给人以谦逊和高尚的印象，你就必须勇于承认自己的错误。辩护只会增加你的错误，而不会解决任何实际问题。

作家艾伯·赫巴的讽刺性文字常引起人们的反感，为此他经常收到一些愤怒的读者写给他的信，表示不能同意他的某一篇文章的观点。他们为了表示愤怒，经常在信的末尾把赫巴臭骂一顿。看了信后，赫巴通常会这么写道：

仔细想想，我也觉得自己的意见不大妥当，我甚至连昨天写的东西都觉得不满意。非常高兴你能告诉我你的看法。我希望我能当面和你进行交流，那将是我莫大的荣幸。

赫巴　谨上

当你收到这样一封言辞恳切的信的时候，难道你还会大发脾气吗？当然不会。事实证明，在许多情况下，这样做要远远胜过你为自己辩护。

<不要固执己见地认为你的看法就一定是对的。一旦你发觉自己错了的话，首先要做的就是赶快承认这一点。>

巧妙地控制话题

◎使你所有的话都变成有效的话题，它或者为你将要讲的话做铺垫，或者代替你要讲的话，却能达到一样的目的。

◎控制讲话的主动权，不能让谈话失去方向，这样才能达到自己想要的效果。

胡佛总统的沉默寡言让许多记者都望而却步，想让话从他的嘴巴说出来，简直比登天还要难。但是，一个芝加哥记者却轻易地做到了这一点，而且使胡佛总统谈了两个多小时。

那时候，胡佛是共和党的总统候选人。年轻的记者里尼提偶然地跟他坐同一辆列车，并得到了采访他的机会。一开始，当里尼提询问一些问题的时候，胡佛总是简单地回答“是”或“不是”，然后就长久地陷入沉思。里尼提觉得很尴尬，虽然他早就知道胡佛的习惯了。他不得不一边问问题，一边想办法解决这种状况。当火车经过贫穷而荒凉的内华达州时，里尼提突然想到了一个很好的话题。他望着窗外，好像是自言自语地说：“在这个地方，人们应该还是用那种古老的方法来采矿的吧？”

这时候，胡佛马上说道：“早就不用那种方法了，现在全国都在采用最新的采矿方法。”

接着，胡佛的话匣子好像是被打开了一样，他滔滔不绝地谈了起来，从采矿到石油，从航空到邮政……当时，那些跟胡佛同坐一列火车的人都是有名望的人，但是胡佛对他们都不理不睬，却偏偏跟里尼提讲了两个多小时。

里尼提本来是一个默默无闻的记者，但是却因为跟胡佛总统聊了一个合适的话题，使自己成为和胡佛总统谈话时间最长的记者。看来，话题对谈话确实起着至关重要的作用。如果没有找到合适的话题，不难想象，谈话的结果一定不会很理想。

一位图书推销员敲开一户人家的门，对一个太太说：“太太，我们的图书质量非常好，装帧也非常精美，您看有没有需要呢？”

在大部分情况下，这位推销员得到的回答是："不需要！"然后门会被关上。看得出来，这样的推销员不是出色的推销员。如果是一位出色的推销员，他会更加懂得推销时的说话艺术。让我们来推测一下一位优秀的推销员的推销情况：

推销员：太太，早上好！你家的孩子都上学去了吗？

某太太：是的。

推销员：你的孩子上几年级了？

某太太：大的五年级，小的二年级。

推销员：他们一定都很聪明吧？

某太太：是的，当然。

推销员：他们平时喜欢看书吗？

某太太：有时候看。

推销员：太棒了！我想我这里有些书他们可能会喜欢……

我们可以想象，这位推销员成功的概率应该是非常高的。为什么？因为他掌握了很好的推销艺术，并且在谈话过程中很好地控制了话题。

有效地控制话题，对说服一个人来说的确十分重要。苏格拉底以擅长言辞而著称于世，他创立的问答法至今有着经久不衰的魅力，成为谈话的一种经典方式。问答法的核心内容是，我们在与人谈话的时候，如果想要说服对方，当不可避免地要面临一些有分歧的话题的时候，我们需要就这个话题的共同点（相对于分歧）对话题进行控制，一步一步地使对方做出肯定的回答。这样，就可以使谈话朝着对我们有利的方向发展。

卡尔是一家汽车公司的推销员，下面是他与客户的一次谈话。

卡尔：你好，你有兴趣看一看我们公司推出的吨位为4吨的汽车吗？

客户：实际上我们已经有一辆两吨的汽车了，而且这更加适合我们。

卡尔：嗯，至少就目前而言，两吨的汽车确实比4吨的更加划算些，是吗？

客户：的确如此。

卡尔：我是否可以知道，你需要的汽车的平均载重量是多少呢？

客户：两吨。

卡尔：这是个平均数吗？

客户：是平均数。

卡尔：嗯，也就是说，你有可能用它来运超过两吨的货物，是吗？

客户：是的。

卡尔：如果装着超过两个吨位的货物在丘陵地区行驶，你的汽车承受的压力比正常的情况要大，是吗？

客户：的确如此，而且这很正常，因为我们经常在丘陵地区行驶。

卡尔：据我所知，冬天一般是汽车运营的旺季，是这样吗？

客户：是的。夏天一般生意很清淡，冬天却经常超载。

卡尔：不幸的是，丘陵地区的冬天一般都特别长。

客户：是的。

卡尔：那么，也就是说，你的汽车经常处于超负荷状态了？

客户：是这么回事。

卡尔：这自然会影响它的寿命，你说呢？

客户：是的。

卡尔：那么，你会不会觉得，如果你拥有两辆汽车，让4吨的汽车在旺季的时候运营，而让两吨的汽车在淡季运营，两辆汽车的使用寿命是不是都会延长呢?

客户：好像是那么回事。

就这样，卡尔随后得到了一个订单。一开始客户看起来好像并不需要购买汽车，因为他已经有一辆了，但是卡尔巧妙地运用了说服技巧，让谈话朝着对他有利的方向发展，最后终于取得了成功。这就是控制了话题的巨大作用。

<问答法可能算是曲径通幽的一种方法。通过曲折地迂回，使对方顺着你的思路进行思考，往往会收到事半功倍的效果。>

促使对方主动与自己合作

◎真心地喜欢对方，发自内心地关心对方，这会使别人主动为你考虑。

◎当别人犯了错误的时候，在指出他的错误的同时，要注意维护对方的自尊，这会让别人主动改正自己的错误。

当我们需要说服别人跟我们合作的时候，我们为什么不用另外一种看起来更加轻松的方法？也就是说，为什么不让对方主动跟自己合作？事实上，只要你抓住了对方的心理，就不难做到这一点。

布鲁克林的一位小学教师露丝在开学的头一天发现全校最有名的“坏孩子”汤姆被分配到了自己的班上。汤姆的“名声”的广泛传播，在很大程度上是由于他上个学期的任课老师的不断讲述。他与男生打架、捉弄女生、冒犯老师，以这些行为为乐，并且行为的性质越来越恶劣。他唯一的优点是功课似乎还过得去。

露丝并不打算为这样的困难而烦恼。实际上，当每个学生走进教室的时候，她都会对他们进行赞美："罗拉，你的裙子真漂亮。""亚里克斯，你的头发梳得真好。""约翰，听说你的画画得很棒。"……当轮到汤姆的时候，露丝真诚地看着他的眼睛，并且对他说："汤姆，你的领导才能很棒。我需要你的帮助，我决定任命你为我们班的班长。我相信你能带领大家一起努力，把我们班变成全校最好的班级。"在接下来的几天里，她不断地对汤姆强调他的才能，并且夸奖他所做的一切。果然，汤姆非常注意自己的表现，试图证明自己是一个当之无愧的班长。最后，他真的变成一个好学生了。

这样的例子屡见不鲜。如果你想要别人变成你希望的那样，你不妨先设定他已经做到了这一点。这就是激励的作用。同样地，当你想要对方满足你的要求的时候，你最好先满足对方的要求。这也会使对方主动与你合作。

美国一位杰出的企业家维恩·朗经历了一件使他印象十分深刻的事情，正是这件事情使他得出了跟我一样的结论。一天晚上，他 4 岁的小孙子乔丹到他们夫妇家过了一晚。当第二天早上起来的时候，乔丹发现维恩先生在打开电视看新闻的同时却在读报纸。于是乔丹对维恩说道：

"爷爷，要不要先关掉电视？这样的话，你可以专心读报。"

维恩知道乔丹实际上是很想看卡通片，于是对他说："可以关掉，你也可以看自己想看的节目。"

果然，他马上找到了遥控器，转到了卡通片频道。

这个男孩虽然只有 4 岁，却会这么想："爷爷想要的是什么？我应该怎么做才会得到我想要的?”这样，当你满足了对方的要求的时候，对方一定会反过来为你做些什么的。

由此，我想更进一步说明，使别人主动跟自己合作的最基本的前提，就是发自内心地关心别人。当然，我并不是说，那些技巧或方法都是不必要的。这只是从不同的角度来考虑问题罢了。

霍华德·塞斯德是全美有名的魔术表演家。他的魔术表演倾倒了数千万的观众——我这样说，并非夸大。据统计，40 年来，至少有 6000 万人欣赏过他的魔术表演，而他也因此得到了不下 200 万美元的收入。

他并没有受过很好的教育。因为生计问题，很小的时候他就离开家乡，到各地流浪。他靠乞讨来的食物使自己不至于饿死，夜里有时候就睡在草地上，冬天则躲在别人的货车厢里御寒。

这样的人为什么会取得如此惊人的成就呢?这并不是因为他懂的魔术知识比别人多，也不是因为他有什么过人的天分。我曾经分析过他成功的原因，大致有以下两条：第一，他能够在舞台上展现自己的个性，能够使表演做到天衣无缝，而这是他努力的结果；第二，更加重要的是，他是发自内心地喜欢台下的观众——或者正是幼年的流浪生涯使他更加深爱着人们。他从不像一般的魔术表演家一样，在心里说：“你们就是一群笨蛋，我只要略施技巧，就可以把你们耍得团团转。”——他从不这么想。他所想的是：“我深爱我的观众，正是他们让我变得衣食无忧，让我能够继续体面地活下去。我要拿出我的全部技巧，尽力使他们感到愉快。我永远感激他们！我永远爱他们！”

正是这样一种强烈的感情使他真心诚意地关心人们，给人们带来快乐；而观众自然也替他着想，更加愿意看他的表演。

在银行工作的查尔斯·瓦特想要从一家公司的经理那里得到另一

家公司的业务情况的资料，于是他拜访了那位经理。瓦特坐下之后，正打算说明来意，就被一位年轻的小姐打断了。她探头进来告诉经理说：“今天没有什么好邮票。”

经理向瓦特表示了歉意，并且对他解释说：“我那12岁的儿子非常喜欢集邮。”

瓦特并没有留意这件事，他匆匆地说明了来意，恳求经理提供一些信息。但是那位经理却含糊其词，并没有成全他的美意。过了一会儿瓦特感到再谈也是浪费时间，于是就离开了。

这件事情让瓦特十分棘手，他不知道应该怎么做。他想了很久，终于想起了那位经理的儿子集邮的事，而他知道银行的国际部经常跟国外通信，有很多珍贵的邮票。

第二天，瓦特带着他搜集的邮票又去见了那位经理。当他把邮票拿出来并说明要把它们送给经理的时候，那位经理十分感动，脸上带着笑容，显出了只有在参加总统选举时才能见到的那份热情。他一张一张地看着瓦特送给他的邮票，一个劲儿地说这些邮票确实非常珍贵，他儿子一定会非常喜欢。

接下来的事情可以预料：那位经理把他掌握的所有资料都给了瓦特，还把一些信件、数字等原始资料也给了他，而那正是瓦特想要得到的几乎全部的资料。

因此，如果你打算说服别人，不妨采取一定的技巧，让对方主动跟你合作。

<让别人喜欢你，这是让别人主动跟你合作的一个基本的前提，只有你取悦对方，对方才会主动地取悦于你。>

图书在版编目（CIP）数据

卡耐基语言的突破与沟通的艺术 /（美）戴尔·卡耐基著；达夫编译 . — 长春：吉林文史出版社，2019.1（2024.7 重印）

ISBN 978-7-5472-3869-1

Ⅰ . ①卡… Ⅱ . ①戴… ②达… Ⅲ . ①口才学－通俗读物 Ⅳ . ① H019-49

中国版本图书馆 CIP 数据核字（2018）第 277569 号

卡耐基语言的突破与沟通的艺术

KANAIJI YUYAN DE TUPO YU GOUTONG DE YISHU

著　　者：[美] 戴尔·卡耐基

责任编辑：孙建军　董　芳

出版发行：吉林文史出版社有限责任公司（长春市福祉大路 5788 号出版集团 A 座）
www.jlws.com.cn

印　　刷：三河市燕春印务有限公司

版　　次：2019 年 1 月第 1 版　2024 年 7 月第 5 次印刷

开　　本：145mm×210mm　1/32

印　　张：8 印张

字　　数：216 千字

书　　号：ISBN 978-7-5472-3869-1

定　　价：38.00 元